中国桑蚕空间格局演变及其优化研究

◎张 晴 著

中国农业科学技术出版社

图书在版编目（CIP）数据

中国桑蚕空间格局演变及其优化研究 / 张晴著. —北京：中国农业科学技术出版社，2019. 11

ISBN 978-7-5116-4379-7

Ⅰ. ①中…　Ⅱ. ①张…　Ⅲ. ①蚕桑业-产业结构优化-研究-中国　Ⅳ. ①F326. 5

中国版本图书馆 CIP 数据核字（2019）第 202668 号

责任编辑　于建慧
责任校对　李向荣

出 版 者　中国农业科学技术出版社
　　　　　北京市中关村南大街 12 号　邮编：100081
电　　话　(010)82109708(编辑室)　(010)82109702(发行部)
　　　　　(010)82109709(读者服务部)
传　　真　(010)82106650
网　　址　http://www.castp.cn
经 销 者　各地新华书店
印 刷 者　北京建宏印刷有限公司
开　　本　710mm×1 000mm　1/16
印　　张　8. 75
字　　数　148 千字
版　　次　2019 年 11 月第 1 版　2019 年 11 月第 1 次印刷
定　　价　36. 80 元

摘　要

中国是蚕桑产业的发源地，种桑养蚕、缫丝织绸是我国古代劳动人民对世界文明的伟大贡献之一。同时，桑蚕产业也是我国传统涉农优势产业，是不少地区乡村振兴、农民增收脱贫、农业提质增效的重要支撑。改革开放以来，我国桑蚕产业发生了巨大的变化，取得了长足的进步，特别是2013年“一带一路”国家战略的提出，作为古丝绸之路代表产品的桑蚕丝绸迎来了新的历史使命和历史机遇。随着桑蚕产业的迅速发展，我国桑蚕产业空间格局也正发生急剧变化，系统研究我国桑蚕产业空间格局与区域比较优势变化的规律性特征，对优化我国桑蚕空间布局、促进桑蚕产业健康发展具有重要理论和现实意义。

本文以我国桑蚕产业空间格局为研究对象，集成应用比较优势分析方法、空间重心及空间自相关统计分析方法，揭示我国桑蚕产业空间格局演变特征，探讨桑蚕空间格局演变的驱动机制，提出我国桑蚕空间格局优化方案。主要进展与结论如下。

1. 揭示了近年来我国桑蚕产业空间格局演进特征及其驱动机制。定量测算结果显示，我国桑蚕产业重心“自东向西、自北向南”移动，产业集中度持续提升，呈现“东桑西移”态势。桑蚕产业集中度在不断提高，CR_n1 指数和HHI指数分别从2003年的0.19和0.131上升至2015年的0.46和0.243；桑园种植面积重心从2003年的东经111.09°、北纬30.34°移至2015年的东经109.37°、北纬28.89°，分别向西偏移1.72°，向南偏移1.45°；种植重心标准距离值从769.15千米缩短至761.33千米。同时初步阐明了资源、经济、市场、技术和政策五要素对桑蚕产业空间格局变迁的系统影响及其作用机制。

2. 从综合比较优势和全要素生产率角度，定量评价了近年来我国桑蚕产业空间转移的经济合理性。运用比较优势分析方法、基于数据包络分析模型的非参数Malmquist指数方法，揭示我国桑蚕空间格局演变的经济合理性。研究结果表明，1995—2015年广西综合比较优势指数（AAC）从0.75快速上升为3.28，而传统主产区江苏则从2.05下降至1.17；2006—2015年间西部地区全要素生产率（*TFP*）平均上升了5.28%，东部地区则下降了3.13%。

3. 构建了桑蚕产业区域优势评价方法体系，初步提出了我国桑蚕产业空间格局优化方案。以生态条件适宜、规模优势、区域比较优势、具备一定产业基础为蚕桑优势区判定标准，从规模优势、效率优势、产业优势角度构建一套3类12项的桑蚕产业区域优势评价指标体系，建立基于组合权重模型的桑蚕区域优势综合评价模型，提出我国桑蚕产业空间布局的优化方案，分别阐述华东优势区、华南优势区、西南优势区和西北优势区的发展方向与策略。

4. 提出了“发展西部、优化中部、稳定东部”的政策建议。以我国桑蚕产业空间格局持续优化，进而实现整个产业提质增效、长久保持竞争优势角度，提出了政策建议：顺应“东桑西移”的规律，稳定及适度扩大我国蚕桑生产规模，在东部加工，中西部为原料产地，通过跨区域产业链整合，实现桑蚕产业的东西部互动发展格局。主要任务是加快技术创新，提高生产效率；降低生产成本，提高桑蚕生产效益；鼓励综合开发利用；加强区域专业化发展力度，推进桑蚕生产基地县建设；因势利导，加强西部茧桑蚕产业链建设，实现蚕桑资源的多层次利用；加大桑蚕产业宏观调控力度，促进桑蚕产业稳定协调发展。

关键词：桑蚕，格局演变，空间计量，比较优势，优化

Abstract

Silkworm industry, originated in China, hits one of the greatest contributions our ancient working people made to the global civilization. Involving agriculture industry, the silkworm industry's primacy made it the crucial support for rural revitalization, increasing income and uprooting poverty for farmers and improving quality and increasing efficiency for agricultural industry in vast area. Opening up and reform begot significant advance for the industry. "The Belt and Road Initiative", proposed in 2013, markers the outset of splendid historical mission and opportunity of silk as typical symbol of the spirit of Old Silk Road. Spatial distribution evolution of silkworm industry is shifting dramatically as further along development. Systematic analysis of spatial distribution and features of regional comparativeadvantege have theoretial and realistic significance for spatial distribution optimization and sound development improvement of domestic silkworm industry.

The article focuses on spatial distribution, integrating analytical method for comparative advantage, spatial CG and spatial autocorrelation, in pursuit for a further insight into features, driving mechanism and optimizing scheme of spatial distribution evolution of domestic silkworm industry. Major advance and outcome are following:

1. Reveal the features and driving mechanism of spatial distribution evolution. Quantitative determination indicates that industrial center is transferring from the Eastern to the Western China and from the Northern to the Southern China, in parallel with increasing concentration ratio. CR_n1 index and HHI index increased from 0. 19 and 0. 131 in 2003 to 0. 46 and 0. 243 in 2015 respectively. Mulberry planting coverage center, 111. 09 degrees east longitude and 30. 34 degrees north latitude in 2003, moved 1. 72 degrees westwards and

1. 45 degrees southwards, with standard span value of planting center shrank to 761. 11 km from 769. 15 km. It also preliminarily illustrates the systematic influence of resourece, economy, market, technology and policy on spatial distribution evolution and the action mechanism.

2. Quantitatively evaluate the economical rationality of spatial distribution evolution with regards to aggregated comparative advantage and total factor productivity (*TFP*). Display economical rationality via taking advantage of comparative advantage and index methodology of non-parametric Malmquist based on data envelopment analysis (DEA) model. Research shows that aggregated advantage index (AAC) of Guangxi Province increased from 0. 75 to 3. 28 between 1995 and 2015. While, Jiangsu Province's AAC decreased from 2. 05 to 1. 17 as the traditional major product area. Between 2006 and 2015, *TFP* of western China increased by 5. 28% on average, where eastern China decreased by 3. 13%.

3. Construct regional advantage assessment system for silkworm industry and propose the optimization scheme for spatial distribution evolution. Assessment criteria for favored mulberry planting region include blessed ecological condition, scale advantage, regional comparative advantage, sound industrial foundation and relative independence. A set of evaluation index system for regional advantage with 3 degrees and 12 items is drafted in regard of scale advantage, efficiency advantage andindustrial advantage, illustrating the development trend and strategy of favored regions in East China, South China, Southwest China and Henan and Shaanxi respectively.

4. Propose the "Giving priority to development in west, optimization in central China, maintenance in the east". Policy "Mulberry Transfer from East to West" is proposed in pursuit for sustainable optimization of spatial distribution, improvement in quality & efficiency and cutting-edge in long run. We should give full play to stable and sound enlargement of production scale, in an effort to integrate interregional industry chain and shape an interactive developing pattern between the east and west China when processing in the east, producing raw material in the central China. Primary missions lie in: speeding up technological innovation and promotion of production efficiency; cutting production cost and in-

crease in power of mulberry and silkworm; encouraging comprehensive development and utilization. Furthermore, strengthen development of regional specification and boost establishment of production bass in countries. We shall make best use of occasion to enhance industry chain in west China to achieve multi-level utilization. Finally strive to achieve macro-regulation so as to ensure stable and balanced development of silkworm industry.

Keywords: Silkworm, Distribution evolution, Spatial econometrics, Comparative advantage, Optimization

目　录

图目录

表目录

第一章　引　　言

第一节　研究背景与意义

蚕桑产业是一项涉农产业链长，利用少量耕地安排就业人口多、单位面积耕地创造财富较高的产业。桑蚕产业是我国传统涉农优势产业，具有显著的生态、环保和循环发展的特点。桑蚕产业在丰富居民服饰种类、促进饮食多样化的同时，在不少地方成为乡村振兴、农民增收脱贫、农业产业提质增效的重要支撑（沈兴家，2010）。种桑养蚕、缫丝织绸是我国古代劳动人民对世界文明的伟大贡献之一，在我国已有五千多年的发展历史（顾国达，2003）。以丝绸贸易为媒介和纽带的频繁的商业往来，把中国和中东、西亚、近东世界紧密地联系起来，并形成了陆上、海上两条丝绸之路（肖更生等，2005）。新中国成立后，桑蚕产业作为我国出口创汇的主要产业得以快速发展，其间尽管也经历了日本等国的桑蚕产业崛起对我国的冲击，但总体上保持了竞争优势，蚕桑产地遍及除天津、青海、西藏以外的 28 个省（区、市）。进入 21 世纪以来，随着科学技术的进步，以及我国市场化、工业化、信息化和全球化进程加快，我国桑园面积稳定在 80 万公顷以上（图 1-1），蚕茧产量保持在 60 万吨以上（图 1-2），桑蚕产业重新获得世界蚕桑生产第一大国的地位。中国蚕丝的饲养量和生产量均全球领先，平均占全球总数量的一多半左右，蚕丝、布料、服装的外出量平均占全球总贸易的 85%、69%和 53%，商品运送到 140 个国家和区域，能够主导国际市场的行情走势。2015 年，全国蚕桑茧产量 62. 82 万吨，蚕桑茧收购均价 1767 元/担，蚕农实现收入 222. 01 亿元。

我国桑蚕产业重获优势的同时，受各地区经济发展的不平衡等因素的影响，桑蚕产业空间格局上也发生着显著变化，出现了蚕桑主产区“东桑西移”“两广崛起”的新气象，主产区域从江苏、浙江等地逐步让位于广

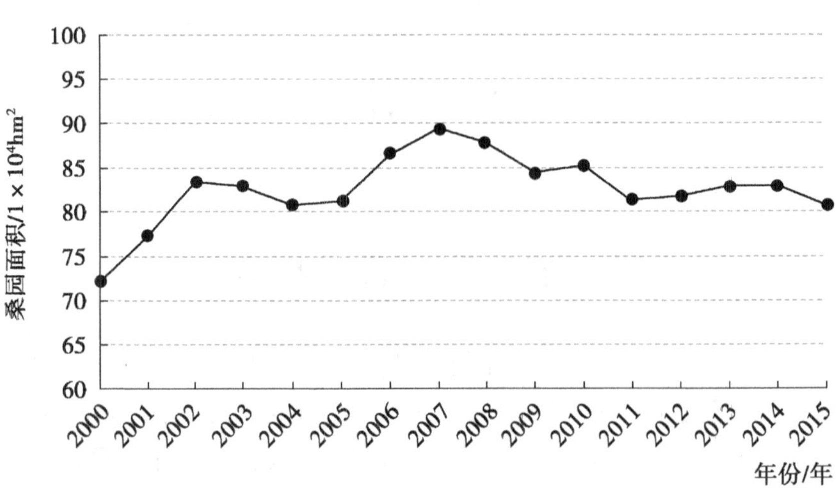

图 1-1　2000—2015 年我国桑园面积

Fig. 1-1　The area of mulberry in China from 2000 to 2015

数据来源：新中国 60 年桑蚕生产情况资料汇编

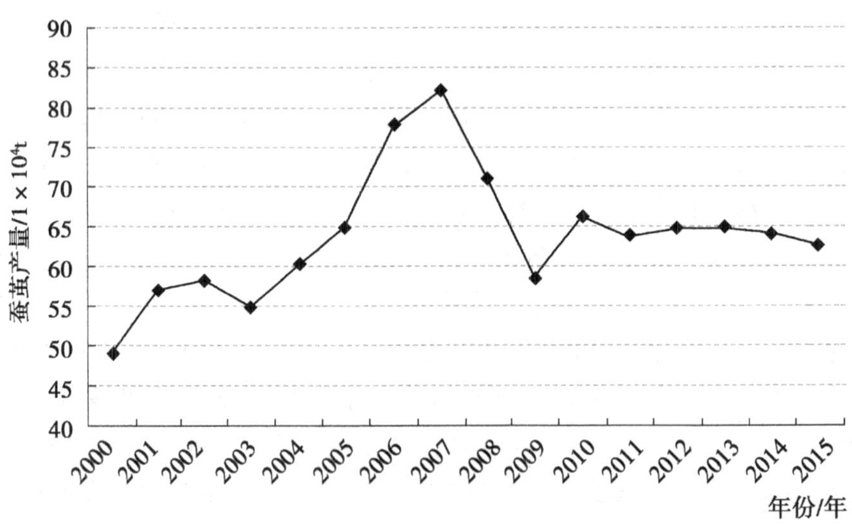

图 1-2　2000—2015 年我国蚕茧产量

Fig. 1-2　Production of silkworm cocoon in China from 2000 to 2015

西、云南等西南省份。“十三五”以来，随着中国经济转入新常态，我国桑蚕产业同样进入发展“新常态”，桑蚕的生产、加工和销售增速放缓、产业利润也出现增速回落的现象，产业结构优化升级、增长方式转变、结构性改革演变成为国家以后桑蚕产业发展的关键（李志东，2016）。面对桑蚕产业空间格局变化的新形势，有必要进一步科学总结产业空间格局演变的规律、分析其成因，科学判断未来桑蚕产业空间格局的优化方向，制定相关政策加以有效引导，提高茧桑蚕产业的国际竞争力。这样的系统研究，有以下方面的现实和理论价值。

1. 有利于解析、了解并掌握自21世纪以来我国桑蚕产业空间格局演变的规律、动因及趋势

桑蚕产业区域布局受环境影响导致地域差异明显。我国地域宽广，丘陵、山坡地较多，适宜种桑养蚕，且桑蚕产业不与粮食争地，符合环境保护的要求。进入21世纪以来，蚕桑生产遍及除天津、青海、西藏自治区以外的28个省（区、市），以广西壮族自治区（以下简称广西）少数民族为首的养蚕业开始飞快发展，桑蚕行业开始从东部向西部转移的趋势愈加显著。从省际间的情况来看，“十二五”时期，广西、云南省（区）的蚕桑生产继续扩张，浙江省、江苏省的蚕桑生产持续萎缩，而四川、山东、广东等主产省的蚕桑生产相对稳定，全国蚕桑生产的集中度进一步提高。2011—2015年广西的蚕茧产量从23.10万吨增加至28.65万吨，增加了24.03%，占全国蚕茧总产量的比例也从36.14%上升到44.91%；云南省的蚕茧产量从4.27万吨增加至6.24万吨，增加了46.14%，占全国蚕茧总产量的比例也从6.68%上升到9.78%；而浙江省的蚕茧产量从6.00万吨减少至3.56万吨，减幅达40.67%，占全国蚕茧总产量的比例也从9.39%降到5.58%；江苏省的蚕茧产量从7.00万吨跌至4.91万吨，减幅达29.86 %，占全国蚕茧总产量的比例也从10.95%跌至7.70%。2015年，按照家蚕茧产量排序，前10位的蚕桑生产省（市、区）的家蚕茧总产量达58.78万吨，占全国家蚕茧总产量的93.85%（图1-3）。当今桑蚕行业空间格局变化所呈现的新特征，其驱动因素是什么？变动规律如何？对将来桑蚕产业发展影响如何？对这些问题系统研究，对优化我国桑蚕产业迁移、促进中西部地区甚至整个中国桑蚕行业稳健发展都具有重大的特殊意义。

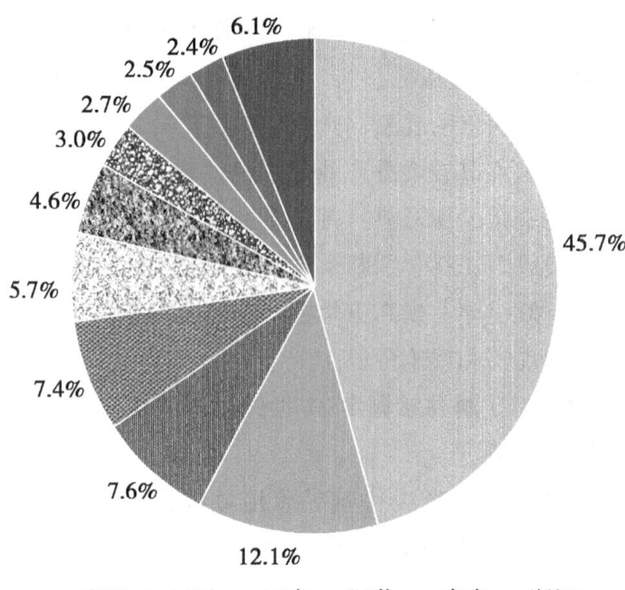

图 1-3　2015 年主产省（区、市）家蚕茧产量占全国蚕茧总产量的比例

Fig. 1-3　Proportion of cocoon production in main production provinces（District，City）in 2015

2. 在“一带一路”倡议背景下，有利于持续促进我国桑蚕产业空间格局优化、提升桑蚕产业国际竞争力

21 世纪初期，国家领导人在走访西方国家的时候提及了提出“丝绸行业产业带”和“21 世纪桑蚕产业之路”（简称“一带一路”）的倡议，国际国内社会均给予了高度关注，随后，先后写入了中共中央、国务院的相关重要文件以及国家“十三五”规划纲要当中，逐步上升为国家发展战略。从历史文化还是产业层面分析，“一带一路”倡议与我国桑蚕产业发展具有密切的内在关联和重大的战略意义（李志东，2016）。桑蚕产业的发展，带动茧桑蚕产业的升级，将蚕丝文化与“一带一路”倡议相结合，不仅在推进“一带一路”建设中能够发挥重要作用，还会很大提高我国文化的基础实力；另外，在“一带一路”倡议构建中，我国桑蚕产业通过加快实行“大量出口”和“多方引进”的策略，不但能加大拓宽全球市场，还可以全面运用世界的资源，这必然要求我们进一步研究我国桑蚕产业发展空间格局演变和优化，以利于保证“中国丝绸”的世界主导优势领军地位（李志东，2016）。同时，随着经济一体化、贸易全球化进程的推进，资本、技术等生产要素的跨国流动引发了世界范围的蚕桑生产区域结构变化，生产能力迅速向具有劳动力成本优势的地区集中。“十三五”时期，我国桑蚕产业发展将面临产业间竞争加剧、国际丝绸市场疲软、替代品竞争激烈、实用技术瓶颈亟待突破、体制机制有待创新等严峻挑战，但也将面临重大发展机遇。面对桑蚕行业日渐激烈的全球竞争局面，怎样指引好我国桑蚕行业分布局面的转化，优化桑蚕参与空间布局并提升国际竞争力具有重要的战略意义和研究价值。

第二节 国内外研究综述

随着蚕桑在世界范围内种植，以桑蚕产业为对象的研究也在世界范围内开展。国内外学者从桑蚕产业的发展历程、空间格局变化、影响因素、理论方法等进行了多角度的分析，形成了系列的成果，成果主要集中在以下几个方面。

一、世界桑蚕产业空间格局变动的相关研究

关于世界桑蚕产业的研究主要集中于单个国家的桑蚕产业变动分析。世界桑蚕产业主要集中在亚洲、西欧和美洲等地，桑蚕产业中心主要是集中在中国、日本、印度等国家。日本在蚕丝经济的研究方面拥有两百多年的积累，在 1820 年左右就有日本农业学家著成的《关于养蚕行业的经济》，以及后来出现的早纳之村先生所写的《蚕丝行业经济发展的讲话》、志云茂中撰写的《蚕丝市场论坛学说》以及平宗网巾所编写的《对蚕丝行业的经济研究》等。对印度桑蚕产业的研究侧重于产业驱动因素、产业发展历史和特征等方面的经济分析。例如，全球贸易团体/联合全球贸易发改委核心纺织品学术专家 AetanoHyuaarnen 把印度划分成全球最重要的蚕丝出产和购买的国家区域。GepolNeak 等经过经济模板对印度国土丝绸企业方案展开了详细剖析。Dettea 和 Chertaijer 针对印度蚕丝行业探究对该行业的开发展开了探究。Teyeda、Kelaer 和 SaeriPsdfr 等剖析了印度其中一重要地区养蚕业经济模式开展的特性。印

度国家丝绸联合会于20世纪初编写了“SareiBasiegfefed－A User’s Gaede，FervgSadfer”这成为印度养蚕业中极为重要的一本学术专著。

有关于全球桑蚕行业空间格局变化研究的成果极少。随着西欧桑蚕产业的衰退、日本桑蚕产业的对外转移等，世界桑蚕产业空间格局发生改变，特别是日本桑蚕产业开始向别的一些国家转化产业受到了许多专家们的好评，也拥有了一些科研成果。20世纪末中国丝绸行业中的前辈俞教授经过翻看全球桑蚕丝绸行业开展的全过程总结，在工业刚刚兴起的时候，因为丝绸行业的要求很低，与此同时它所创造的利润也很高，很多国家都争先恐后地兴起丝绸企业。然而，跟随着我国对工业发展的要求逐步提高，尤其是资金比较紧密和技术紧密企业的发展，国家内部对开展桑蚕丝绸行业没有以前的有利环境，这使得桑蚕丝绸行业逐步向海外转移英美俄等国，在国家初步兴起工业化的时候都大规模的开展丝绸行业，这几个国家的桑蚕产品在数量和质量曾经占据主导地位，由于工业化的推进，这几个国家的丝绸行业几近消失（胡兴明，2013）。20世纪末期我国著名学者针对全球桑蚕丝绸行业的发展历史展开了回顾，从蚕茧产出量的实质性变化证明了1905—1990年全球桑蚕主要生产国的地位发生改变，利用数字论证了桑蚕行业在全球规模上都发生了改变，并且还指出跟随全球经济的快速前进，以我国和日本等为首的亚洲国家依然是世界上桑蚕产业的经济中心。

二、桑蚕产业空间格局演变的相关研究

关于桑蚕产业空间格局演变的研究成果较为丰富，多集中在蚕桑主产国产业空间格局的演变研究上。例如，日本曾经是世界蚕桑生产的中心。依据国家《蚕丝行业重要阅览》的记录，国家桑蚕产业在日本整治初期以长野等地为县市的中心点，从而由点开始慢慢发展全面，乃至从东面发展到西面甚至全国，20世纪60年代末日本国土整体销量为12万多吨，其中三大主要城市的占有百分比为22.5%，13.7%和9.2%。20世纪90年代末日本国家整体的蚕茧总量为1 979吨，这当中三个主要国家产量所占的百分比为42.2%，4.6%和10.3%，日本的这个产业在缓慢发展的同时呈现出从西方向东方反向发展的特点。

对中国国内桑蚕产业空间格局演变方面的研究成果较为丰富，但主

要集中定性和统计学分析，缺乏计量经济学分析。在 30 多年前，就有农业学的教授对桑蚕养殖基地中心变化的课题进行研究。该教授认为在宋朝之后，中国的黄河流域中的桑蚕产量开始表现出大面积的减退，但是长江区域的桑蚕产量则持续提高，中国的桑蚕生产方向慢慢向南发生了转移。1995 年裘教授指出全球丝绸行业向经济发展较快国家转换的时候，中国内部的桑蚕丝绸行业也慢慢呈现出由沿海地区转向内陆地区的局势。顾国达（2002）分析了主产区变动对我国桑蚕和蚕丝产量的影响。2003 年姜教授实际剖析了我国桑蚕生产支出的整体变化，针对山东、江苏等主要 7 个省的桑蚕生产支出、收益比例展开整体对比，剖析了新中国成立后蚕茧生产值和养蚕行业种植地区分布区域的变化。李建琴（2006）认为，从 1990 年开始，经济发展比较快的省（市），呈现出桑蚕产业从富有地区向贫穷地区转移的局面，例如广东省的桑蚕种植和生产就从比较偏南部的地区转移到北面的山区等区域；江苏省的桑蚕产业也开始从经济发展比较快的地区转向经济落后的盐城等地区。然而这时候的桑蚕生产地区整体分布上的转变只是在一个省的境域内变化，虽然广东、江苏等地区桑蚕生产地发生了改变，但这并没有使中国的桑蚕生产行业受到影响。2008 年张宇等众多学者探究分析了我国桑蚕行业的状况，总结了桑蚕行业在地理位置、市场经济和产业技术等方面开展工作的有利因素。同年，李晓和任余生指出，在东部桑蚕移向西方的环境下，开展当代桑蚕行业要创建比较密集的优势地区桑蚕优越产业化、实行品牌策略、提高科技革新、创建完备的防止风险体制等几个提议。

20 世纪初期为响应桑蚕行业在种植生产地区上的新策略，我国提议并且采取东部桑蚕转移到西部的策略。桑蚕的养殖由中国的东北部快速向中部以及西部进行迁移，在迁移的过程中，桑蚕的养殖地区和各地区的产量也产生了非常显著的改变。在这种环境下，面对桑蚕产业呈现出地区组成上的转化情况，很多专家都展开了深度探究，研究侧重于现状分析、变化成因判断、未来政策导向等方面，而缺乏应用经济学方法对近年桑蚕产业空间格局变化的特征规律展开分析。曾琪明（2004）提出，桑蚕种植生产向西方区域转换是必然趋势，在市场的作用下西部地区需要进一步提高收入，完备体系提升桑蚕的质量才可以完成东部桑蚕向西部地区的转化。董云星（2005）指出桑蚕行业的转换是一种趋势，西部区域开展桑蚕应该依照最适应种植环境和经济效益为标准，优化桑蚕产业的组织构成，提升桑蚕种植生产的密集度和集中化比例。李宗仁（2005）的探究指出，广西的桑蚕快速崛起离不开市场经济资源优化配置，针对实行有次序的市场竞争，带动技术进步，推动东部桑蚕向西部地区转移，保障中国桑蚕丝绸在全球经济中的有利地位，含有重大的实质意义。中国西部区域开展桑蚕产业，基础条件都已完善，能够学习西方国家和国内桑蚕行业转换的有效经验，在产业化转换理论的指引下，经过国家组织实行东部桑蚕向西部地区转移的策略，带动桑蚕丝绸行业建设比较密集的江浙区域桑蚕优越产业带。李芳云（2011）用桑蚕的总产量、桑树的种植面积、下发桑种量为标准，对除了北部之外的三个区域都展开了桑蚕生产比对剖析。数据显示，2000 年以后，中国的桑蚕产业转化速度飞快，东部桑蚕向西部转移的特征很显著，但不论从生产的桑蚕看，还是由单位面积的桑蚕产量要求来分析，西部区域的产量还是比东部地区低。

三、桑蚕产业空间格局演变的研究方法

我国及西方国家的专业学者有关农产业分化格局转换的探究方法主要集中于比较优势的分析上，方法包括作物集中度指数、作物种植变化指数、资源成本法、区域专业化指标测算公式等。例如，Shaefm（1967）在研究印度农作物产量的密集性质和转化情况的时候，利用这种情况对农田里的棉花、小麦等多种农作物的种植安置情况展开了剖析和讨论。Braneno（1972）创建了一个被广大专业学者广泛使用的估测相对优势的方法，也就是国家内部资源支出计算法，而且还估算出非洲所有的主要产区国家咖啡种植的优势比较。这个探究成果显示，埃塞俄比亚等很多地区在咖啡的种植和生产商都含有比较明显的优势。Zhao（2000）指出我国农作物中的谷类作物上没有太大的优势，但是在糖料、蔬菜等产业集中型的农作物种植上含有很大的优势。Feng 和 Bsadgn（2001）采用规范剖析矩阵分析了我国几种常见的农作物，其中包含小麦等粮食农作物，还有水果、烟叶等经济型农作物，这些农作物的地区分布有非常大的优势，指出我国农作物的生产和规模特别切合它的研究

数据，结果显示，我国在劳动力比较集中的农作物上很有优势，然而在土地分布很大的种植物上就没有太大的优势。钟普云等（2001）选用了两个类型的标准，包含估测计算社会采取的两组指标，包括测算社会福利比较突出的两个指数，并有估算它们的总产量以及优势规模的各种指数，分析了我国主要农作物的相对优势。数据表明，尽管我国整体在几种谷物生产的情况非常不好，但是也有一些省、市（县）的生产比较有优势，并且还提出能够经过规划农作物种植结构来提升我国谷物生产总量和资源比率。Carter &Lohmar（2002）使用 Krugman（1991）提出的区域专业化指标测算公式，研究了我国农作物生产地区专业化的情况和变化趋向。从数据看来，1998 年我国农作物生产地区的专业化程度比 1980 年低，并且 1993 年发生了显著下滑，大致的缘由在于当时的国家下发了禁止某些沿海城市种植面积扩大的政策。

对于桑蚕产业空间格局演变的定量研究方法不多，且集中于区域转移模型、比较优势方法和竞争力分析法上。李健存（2005）等创建了桑蚕市场管治下的转换范式，阐明了部分区域在受桑蚕管制的前提下，桑蚕生产快速发展的原因，主要揭示了桑蚕市场管治作用是我国桑蚕区域发展变化的主要原因使东部转移到西部地区桑蚕行业策略的成果受到影响（王鹏飞，2012）。蓝广芊（2010，2011）针对中国所有省（市）地域之间的桑蚕的生产率以及优势进行估算，提出了适合我国桑蚕生产的优势区域，并对提升中国桑蚕生产比率提出了自己的观点。陈涛（2012）在简要回顾中国桑蚕产业发展历程之后，通过对蚕茧生产优势和国际竞争力的比较，对如何促进中西部新兴主产区发展，实现中国桑蚕产业的可持续发展进行了深入研究。由此可见，桑蚕产业空间格局演变研究较少运用空间分析方法进行分析。随着 GIS 空间统计模块的常规工具不断扩展，将数理统计、空间分析等多种方法有机结合进行全面、系统的桑蚕格局与优化研究成为可能。

四、关于桑蚕产业空间格局变动成因的研究

现有涉及农业生产平均地区分布变化原因的探究，主要是从农业生产者的种植行为选择开始，研究含有两种各不相同的意见。第一个意见是指出农民对农作物价格的态度太情绪化，指出传统农业中农民就农作物价格

的态度相对不敏感，农民为了防止风险的出现不去追寻更高的收入（Schfdfer，1976）。第二个意见是指出传统农业农民的思想行为是非常理性的，他们会依据价格定位来规划种植农作物的面积和产量（舒儿茨，1986；Hfghper，1965；Dean，1966；速水佑次郎，1993）。更多学者曾基于农户的理性假设对作物的生产反应进行研究，分析中一般把价格预期作为影响农民生产决策最主要的因素，结果发现不同国家、不同作物品种生产对价格虽有反应但各不相同（Nerlove，1958；Krishna，1963；Behrman，1968；Behrman，1977；Askari，1977）。

就桑蚕产业空间格局变动成因的分析，涉及的层面较多，既有经济方面，也有政策、环境、科技等方面，但对中国桑蚕产业空间格局变化的成因系统性分析不够。例如，Reined（1968）经过日本最主要的桑蚕生产区域桑树种植面积来表明，日本桑蚕行业受到恶劣影响的因素不但有18世纪初全球危机的影响，也有全球纤维构成和世界战争的影响，特别是世界战争的影响很明显。KdfaoOtdffga（1982）在分析了日本向其他国家供应桑蚕生产的科学生产技术之后，指出像这样的国家大都存有二次元构成，并且给其他国家桑蚕行业的发展起到了恶劣影响。Manitra等（2008）研究认为，经济快速发展对韩国茧丝绸行业的发展是有负面影响的。

针对我国桑蚕产业空间格局变动现象，经济学家从不同角度对桑蚕产业空间格局变化原因进行分析。许多学者认为影响蚕茧产业发展的核心因素是：宏观效用失去控制、贸易工业农业分离、增加产量失衡、多方营销、不良竞争、农民组织能力差、桑蚕产业的发展和价格不恰当、桑蚕技术的推动不完善等（王庄穆，1992，1997；刁孝堂，1995；朱宗才，1999；王玉荣，1999；沈家乐，2000；徐正鹏，200；卢铿明，2000；檀学文，2000）。其中，顾国达（1999）分析指出，桑蚕产业生产劳动力集中型和土地使用集中型两个类型，工业化建成以后的我国还有区域因为劳动力支出和土地支出飞速增加，使得桑蚕行业慢慢落后。胡智文等（2001）对中国经济进步和桑蚕行业规划间的联系展开实质性的研究，结果显示，美国著名专家的工业化理论研究能够更好地阐述中国桑蚕行业分布区域变化的情况。姜丽花（2003）认为新中国成立后，我国桑蚕产业空间布局处于动态变化的成因是随着各主产省社会经济的发展和产业结构调整以及该省蚕茧生产与其他农作物生产的比较效益的优劣所引起蚕业兴衰速度的不同而出现。李奕仁（2005）的研究认为，广西蚕业的异军突起，是市场经济合理配置资源的结果。畅晋钢（2005）、李建琴等（2005）学者认为，管理体制存在的问题是茧桑转移大起大落的重要原因之一。徐友清（2008）指出，农村劳动力转换和价格提高是我国目前农村饲养桑蚕行业所面对的重要问题，饲养桑蚕的规模分别影响经济利润的增长，饲养桑蚕的环境受到影响，蚕丝的生产及销售两个环节相互分离。吴大洋（2009）指出，提高桑蚕流通制度革新和科学化生产饲养是完成茧丝绸行业稳健快速前进的重要因素，并且对中国桑蚕行业的稳健发展给予了宝贵的建议。李建琴等（2013）研究则认为蚕业衰退与转移的直接原因在于蚕丝生产规模效益降低；比较间接的因素在于劳动力匮乏、土地缺失造成劳动力和耕地支出的提升，桑蚕生产的两大特点，自然原因造成的灾害、病虫灾害还有工厂废气排放等致使种植业的风险上升，蚕丝的价格上下滑动也很大；更深层的原因在于这些区域经济较早的发展致使传统桑蚕行业的优势降低，工业乃至城市化的飞速前进造成了物价上涨，桑蚕生产技术发展过慢致使大量的劳动力减少，加大劳动投入力度以及桑蚕行业的团体化等都会造成农民不能承受的市场危机。黄风骏等（2013）探究指出桑蚕行业落后和部分转移的核心原因在于纤维产业的激烈竞争和非革命性技术革新所带来的产业革新。

五、研究成果述评

综上所述，在桑蚕产业空间格局演变研究领域，已有不少的研究成果，成果主要集中在对国际茧丝绸贸易基本格局变动及竞争力变化趋势、我国桑蚕产业主产区产业发展特征及区域变化等方面，以上的桑蚕养殖的研究结论为未来深入研究桑蚕养殖的研究者打下了扎实的研究基础。但是，随着桑蚕产业发展在全球范围内的扩展，已有的研究仍存在一些不足，主要表现在：

一是，聚焦进入21世纪以来我国桑蚕产业空间格局演变的研究比较少。聚焦我国桑蚕产业空间格局演变，特别是近10年以来空间格局演变影响因素、特征等进行的研究尚属空白。一方面，针对农业产业区域分布变化分析的研究结果较多，但主要是对小麦、大豆、水稻等大宗粮食作物和蔬菜、水果、油菜等重要经济作物的研究，桑蚕产业作为一个小产业，对其生产区域变化研究的成果相对偏少；另一方面，研究历史上、全球范围内桑蚕产业空间格局变化的分析尚有一些，但既是粗线条的，也比较简略、概括，对近现代特别是进入 21 世纪以来我国桑蚕产业空间格局演变的研究相对较少，特别是缺乏系统性的研究。

二是，定量研究 21 世纪以来我国桑蚕产业空间格局演变规模的成果尚属空白。现有对中国国内桑蚕产业的研究，侧重于描述总产量的变化、主产区的变化等，属于定性和统计描述的层面。系统揭示国内桑蚕产业空间格局演变规律、特征及其影响因素的研究很少，特别是结合计量经济学、统计分析方法等进行定量研究的基本上属于空白。

三是，对 21 世纪以来我国桑蚕产业空间格局演变规律进行分析的理论框架尚不完善。由于缺少系统的研究成果，对我国桑蚕产业空间格局演变规律进行分析的理论框架尚只能依据比较优势理论的经典经济学理论，相对来说比较粗线条，很难反映当代错综复杂、千变万化的现实社会和我国桑蚕产业空间格局演变的恢宏现实。

四是，21 世纪以来我国桑蚕产业空间格局演变，既恢宏壮丽，又对我国桑蚕产业乃至全球桑蚕产业的空间格局、竞争格局产生了根本性的影响。着眼这一问题进行研究也是现实的需要。

五是，21 世纪以来我国桑蚕产业空间格局演变，是经济、政策、环境、科技、环保等诸多方面、诸多因素共同作用的结果，对这一选题进行研究，既有挑战，也有意义和价值。

六是，对 21 世纪以来我国桑蚕产业空间格局演变问题进行研究，揭示其推动力、发展规律和特征，进而明确其未来格局优化的原则、目标和路径，也对现实的桑蚕产业的向好发展具有重要的支持作用。

第三节　研究目的和研究内容

一、研究目标

桑蚕产业在中国的农业发展、农民增收、国际农产品贸易等方面均具有举足轻重的地位，已形成了悠久的发展历史，是我国的传统优势产业之一。为使我国桑蚕产业在日益复杂的市场环境下继续保有比较优势并进一步提高其国际竞争力，本文运用经济学相关理论与方法，对中国桑蚕产业的发展历程和生产布局变迁进行分析，深入探析其发展演变轨迹，研究各阶段的特征和空间格局变动规律；就近年来桑蚕产业空间格局变化的新形势，运用统计分析、空间计量分析模型、生产集中度指数法、曼奎斯特（Malmquist）生产率指数法、综合比较优势指数测算法等计量经济学方法，从产业转移和产业集中度两个维度科学分析 20 多年来我国桑蚕产业空间格局演变的特征、轨迹、规律及其成因，模拟桑蚕产业区域发展格局演变机制；对其未来发展格局进行预测，科学判断未来桑蚕产业空间格局的优化方向，为完善农业产业转移研究提供参考，并为制定相关政策提供科学依据和相关建议。

二、研究内容

研究中，遵循定性与定量分析方法相结合的原则，采用统计分析、空间计量分析模型、生产集中度指数法、曼奎斯特（Malmquist）生产率指数法、综合比较优势指数测算法等多种方法与手段，开展桑蚕产业发展历程、空间格局演变规律和发展特征，格局优化目标及路径等分析研判，为桑蚕产业空间格局优化提出政策建议。主要内容包括：

1. 中国桑蚕产业的发展历程分析

以文献调查法入手，就中国桑蚕产业的发展历程进行科学分析，以时间维为出发点，从全球桑蚕产业空间格局变化中分析中国桑蚕产业的地位变化，并结合中国桑蚕产业发展历程中在世界地位的变化以及国内产业空间格局变化的特征等指标，科学划分中国桑蚕产业发展的阶段，总结不同阶段的特征。

2. 中国桑蚕产业区域比较优势分析

以桑园面积、生丝产量等重要指标的时间序列统计数据为依据，分析评价新中国成立以来桑蚕产业区域空间格局变动的态势及阶段性特征；从产业发展的内外部条件（自然、经济、社会、政策和贸易）等方面探讨桑蚕产业变化的空间原因及特征。

运用综合比较优势指数模型（生产规模优势指数、生产效率优势指数和综合比较优势指数）测算 1995—2015 年各主产区蚕桑区域比较优势度，并研究其变化规律及主要影响因子。

在桑蚕产业的优势区域布局特征及变动趋势的基础上，结合桑蚕产业驱动因子对桑蚕产业区域布局变动进行模拟并对未来 10 年桑蚕产业布局进行预测。

运用 *DEA* 模型的非参数 Malmquist 指数方法，对 2006—2015 年中国蚕茧 *TFP* 的增长作了实证分析，探究“东桑西移”工程对推动中西部蚕区技术效率所产生的作用。

3. 中国桑蚕产业空间格局演变分析

应用空间计量模型方法，基于 ArcGIS 技术手段，对中国桑蚕生产的重心移动和离散趋势进行描述，运用空间自相关方法揭示了中国桑蚕产业空间格局及其集聚程度变化的特征。

4. 中国桑蚕产业区域格局优化方案

在分析我国桑蚕产业未来面临的发展形势以及主要条件的基础上，从规模、效率、产业等 3 个方面，建立桑蚕产业优势度指标体系，提出桑蚕产业空间格局优化方案。

第四节　研究方法与技术路线

一、研究方法

1. 文献综述法

通过广泛阅读和研究国内外有关文献，深入理解产业空间布局与产业发展迁移等有关理论和方法，基于前人的相关研究基础上提出创新点，明确本文研究内容和方法。

2. 调查分析法

本研究通过与各主产区桑蚕产业管理部门和有关院校相关专家座谈等，以对桑蚕产业发展态势、竞争优势情况及各市县情况有更加直观的整体了解。

3. 比较研究法

将对新、老主产区，中、西部主产区，不同市（县）经济社会发展背景及桑蚕产业发展态势进行对比分析，从而对新主产区竞争优势形成及促进桑蚕产业主产区空间演变的因子进行研究。

4. 描述性分析法

从全国和省级两个层面，通过描述性分析方法，对历年我国蚕茧生产、空间格局变化趋势和产业集中度变化等进行描述分析，总结提出我国桑蚕产业的发展变化规律。

5. 指标体系评价法

通过构建反映桑蚕产业空间布局演变规律、特征的评价指标体系，反映不同因素对桑蚕产业竞争优势、空间布局变动的影响因素。基于省级数据，采取产业集聚的区位熵指数法和指数法进行定量分析（胡兴明等，2012）。

6. 计量经济学法

研究选取综合比较优势指数（AAI）分析法（含比较优势指数、全要素生产率指数等）、重心模型等，研究我国桑蚕产业空间格局变动的比较优势变化。基于经济、市场、资源、技术和政策等多因素，构建计量经济学模型，开展应相桑蚕产业空间布局进行实证研究。

二、技术路线

研究分四个步骤进行开展，一是理论分析、国内外研究综述；二是阶段划分、现状剖析，寻求内在规律和原因；三是对未来趋势进行判断，提出优化战略；四是提出有针对性的政策建议（图 1-4）。

第五节 主要创新点

1. 从理论研究方面，提出了新的假设

在对比较优势理论、区位选择理论与区位结构理论、农业生产力布局优化理论、梯度转移发展理论进行分析基础上，提出了研究中国桑蚕空间格局演变及其优化的理论假设，吸收了相关理论所长，不仅能较好地支撑对桑蚕产业的空间格局演变和优化的解析，对研究其他农业产业空间格局演变和优化都提供了扎实的理论支撑。

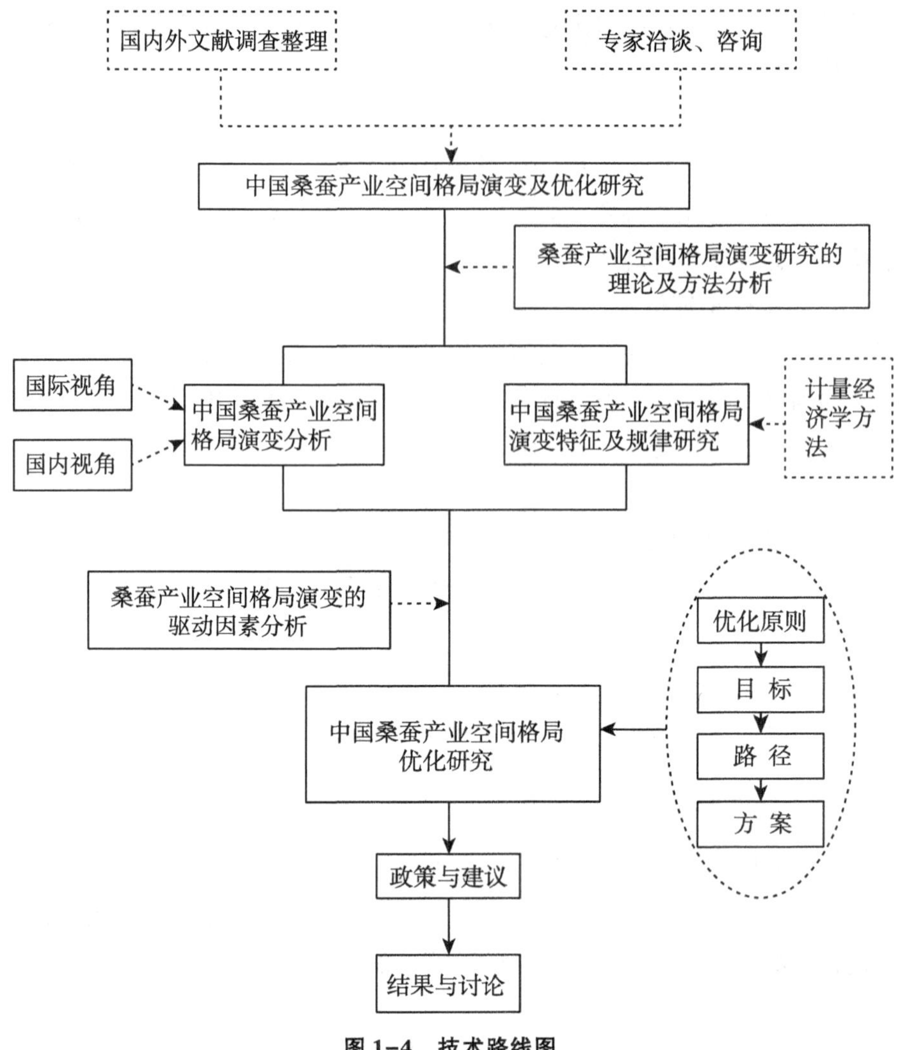

图 1-4　技术路线图

Fig. 1-4　Technology roadmap

2. 从方法论方面，系统地对桑蚕产业空间格局演变问题作了定量与定性相结合的分析

——综合运用生产集中度指数法、曼奎斯特（Malmquist）生产率指数法、综合比较优势指数测算法，从产业转移和产业集中度两个维度，科学分析 20 多年来我国桑蚕产业空间格局演变的特征，增强了分析的系统性与客观性。

——借助标准差椭圆和标准距离等空间计量经济学方法，对中国桑蚕生产的重心移动和离散趋势进行描述，运用空间自相关方法揭示了中国桑蚕产业空间格局及其集聚程度变化的特征。

3. 从实证研究方面，提出了桑蚕产业空间格局优化方案，具有一定现实价值

本论文构建了我国桑蚕产业空间布局的优化方案，分别提出华东优势区、华南优势区、西南优势区和北方优势区桑蚕产业的发展方向和策略。

第二章　桑蚕产业空间格局演变：理论框架

我国桑蚕产业历史悠久，迄今已有5500多年。在漫长的历史长河中，桑蚕产业的发展既深刻地影响着世界地缘政治经济关系，其自身的空间格局也在发生着深刻的变化。目前，我国倡导并实施的“一带一路”经济战略，共同建设“丝绸之路”经济带以及“21世纪海上丝绸之路”，其灵感正是源于我国古代丝绸之路，并为之赋予新时代的意义。从国际上看，正是因为古代“丝绸之路”的形成和拓展，逐渐将中国的种桑养蚕、缫丝纺织技术，经中亚、东南亚输到了南亚、中东和欧洲，并推动了印度、巴基斯坦、意大利等沿线国家桑蚕产业的发展。从国内看，在人口、战争、气候变化等因素的共同作用下，伴随着中国经济重心的东移南下，中原的种桑养蚕、缫丝纺织技术逐渐向鄱阳湖、洞庭湖平原和长江三角洲、珠江三角洲转移，在更有利的气候条件下，桑蚕产业大幅发展，为这些地区的经济大发展、逐步成为闻名遐迩的膏腴之地作出了贡献。在几千年的历史长河中，无论是从国际上、还是在国内的视野审视，桑蚕产业空间格局都在明显地演变发展，而且其空间格局的演变都有深刻的经济社会发展背景，是受多种因素影响的结果。因而在成熟的发展经济学理论支撑下，依托科学的经济学方法建立了理论分析框架，明确了若干假设，为研究探寻桑蚕产业空间格局演变规律，分析、探究推动影响桑蚕产业空间格局演变的驱动因素，对比研究桑蚕产业比较优势的空间分布、预测其未来演进可能的轨迹，在一定意义上，有利于巩固我国桑蚕产业的优势地位，同时促进产业的持续发展。

第一节　相关概念界定

桑蚕产业空间格局演变及优化研究，从行业本身来讲涉及种桑、养蚕、缫丝技术的发展，人口和劳动力的分布，不同产业比较优势的此消彼长，甚至涉及气候变化等，领域较广，概念较多。即使从桑蚕产业行业本身来说，种桑和养蚕也是紧密关联，又有绝大区别的两个行业，为进一步明确本研究的对象及范畴，有必要对研究中涉及的相关术语进行相关的研究与界定。

一、蚕桑

蚕桑，即养蚕与种桑。其中，蚕，又称家蚕。一种具有很高经济价值的吐丝昆虫。它是以桑叶为食料，茧可缫丝，丝是珍贵的纺织原料，在军工等方面用途广泛。蚕蛹、蚕蛾和蚕粪能够综合开发利用，是化工医药工业原料，也可作为植物养料（李艳秀等，2011）。

蚕桑生产是蚕农在适宜的自然环境下，基于桑园地、蚕具蚕室等生产要素，调控桑树、桑蚕的生命过程获得蚕茧产品，实现自然和经济再生产的过程（顾国达，2003）。蚕桑生产已经有 5 000 多年的历史，是我国古代重要的农业生产活动之一。除了以桑叶为主的桑蚕，还有柞蚕、蓖麻蚕、琥珀蚕和栗蚕等 10 多种以其他树种树叶为食的品种，本论文研究对象是桑蚕，蚕茧特指为桑蚕茧。

二、桑蚕产业

本文的桑蚕产业主要指狭义的桑蚕产业，仅指育种、栽桑、养蚕、产茧的产业，主要是指与桑树种植、桑蚕产丝等相关的经济活动，涉及桑蚕产业的最基础的蚕丝生产的各个经济环节，同时也涉及农工贸等产业门类，是我国历史悠久的传统产业、重要的特色产业、明显的优势产业，是桑蚕产业的价值形成阶段，主要包括蚕种、桑种繁育，种桑养蚕，蚕茧收烘，缫丝等环节，属于农业领域（李建琴，2006）。桑蚕产业在中国的产业优势十分明显，并在中国经济体中拥有特别的地位，在国际上更是十分有竞争力的产业。广义桑蚕产业，一般是指包括桑蚕育种、种桑养蚕、鲜茧收烘、干茧流通、茧丝加工、织绸印染、外贸出口及资源多元化利用等环节具有显著的生态效益、经济效益和社会效益，是能够带动一个地区农工商贸、一二三产业的共同发展的长而完整的产业链（周育仙，2014）。它是以采桑养蚕与制丝织绸为基本目标，并把丝绸作为深加工原料投入各个生产部门而形成的一种综合的丝绸产品多元化的产业。随着科技的发展和社会的进步，桑蚕产业由从事简单的养蚕缫丝活动和加工向多元化的蚕、绸产业格局拓展。

三、产业转移

产业转移在产业经济学上属于产业区域布局问题，主要是指相关产业由一个地区集中地转移到另一个更具优势的集中地的经济、地理现象，是一种产业在空间上移动的现象，产业转移过程中往往涉及成本、技术、劳动力、地租、交通等因素。陈建军（2002）则提出，由于资源供给和产品需求市场变化引起的经济过程导致了在国家或地区之间的产业转移。

广义的产业转移包括产业的生产、研发、设计、销售等环节发生的转移，也包括同一产业内部的不同层次、方式、规模，不同阶段的生产、研发、销售、服务等发生的转移。根据转移主体性质和产生的内在机理，可划分为成本节约型和市场扩展型；根据转移的客体差异，可划分为资源、劳动、资本、技术和知识等密集型产业转移；根据空间流动方式，可划分为水平和垂直转移；按照涉及的地域范围划分为国际、区际和城乡产业转移类型（李松志等，2008；汪深思，2008）。

四、空间格局和空间格局演变

空间格局是指相关产业当前比较稳定的一种分布状态、空间分布的形式。广义上也指特定产业当前的行业规模，层次和生产方式、不同阶段的生产、研发、销售、服务、的特点，包括各种经济行为分布和层次。我国的桑蚕产业区域布局相对集中，主要分布在华东、西南和华南地区，三大区域约占全国总产量的 80%以上。近年来，全国蚕茧总产量的 40%左右来源于华南地区，已替代华东地区成为我国蚕茧生产的中心区域，华中、西北、东北地区的桑蚕产业总体上呈现平稳趋上的态势，具有较大发展空间（张晴等，2013）。

空间格局的演变主要是指行业空间格局分布的变化，由于经济、社会、环境等因素导致的行业生产、销售、服务等地理位置的移动。广义上的产业空间格局变化还包括产业规模的变化、产业层次的提升、行业生产方式的变化等。近年来我国桑蚕产业的主产区格局发生了深刻变化，主要是“东桑西移”“两广崛起”的发展态势十分明显。

第二节　相关理论述评

一、比较优势理论

亚当·斯密的绝对优势理论。英国古典经济学家亚当·斯密于1776年提出了绝对优势理论，该理论提出国际贸易的原因是国家与国家之间绝对成本的差异，由于国家与国家之间生产成本和劳动生产率的绝对差异出现了社会分工并带来了财富的增加。亚当·斯密认为，每个区域都存在其相对应低生产成本、高生产效率、最有利可图的生产商品，只要将本区域内的劳动要素大力投入该商品中，再以该商品以物换物交换不利于在本区域内生产的商品，从而逐步实现本地区利益最大化，而且按此规律做的各个地区都能实现资源有效利用、利益最大化。

大卫·李嘉图的比较优势理论。大卫·李嘉图比较成本贸易理论，其基本观点是在国际贸易中，起绝对作用的不是绝对优势，而是比较优势，生产并进出口有“比较优势”产品即可对外贸易，并从中获得经济利益和实现社会劳动的节约。区域比较优势理论则提出不同国家或地区之间没必要生产各种商品，应集中生产比较优势较大和劣势小的商品，通过贸易及流通，在资本劳动力等因素不变的前提下，生产总量将增加，更加有利于形成区域分工。然而，李嘉图的比较优势理论忽视了一个在实际操作中对区域生产分工产生重大影响的因素：商品的运输成本。

运输成本对区域生产分工的影响纳入了他的考虑范围，同时他将区位理论和贸易连接在一起，使得产业区位理论进一步得到发展。在比较成本理论中，李嘉图假定以生产要素在一国国内可以自由流动，而在国家间不可流动为前提，但该假设则被俄林认为完全不符合实际情况。他的观点认为，由于各地区为促进产业发展，发挥区位优势，常常设立地区保护与贸易壁垒，因此生产要素即使在一国国内，也未必可以自由流动。反观国家间却存在贸易合作及协同发展，故生产要素在国家间也并非完全不能流动。李嘉图的理论虽然指出了区域生产分工产生的原因在于比较优势的存在，但他并未对决定比较优势的原因进行解释和梳理。俄林则运用韦伯区位理论分析了国内外贸易分工，及决定比较优势形成的因素和因素间的相互关系等问题。他的观点认为，地区的价格机制是由供给因素和需求因素的相互作用而形成的，其中，消费者欲望和生产要素所有权组成供给因素，生产要素和商品的自然特性及生产要素禀赋则组成需求因素。在一国的范围内来看，比较优势的产生是由于生产成本差异的存在，而生产成本差异的产生则是由于生产要素价格的不同，而导致生产要素价格不同的原因则正是各地区上述因素的差别。此外，产业税、关卡、厘税、商品生产要素的可运输性及运输费用等因素的影响，依旧决定这比较优势能否可以有效地发挥。只有通过上述因素的相互作用，从而产生区域优势和地区分工，形成完善的国际贸易。

对比较优势理论的评价。农业生产要素主要包括土地、资本、劳动力等，区域要素流动指生产要素在区域之间相互流动的空间移动。区域要素流动分为区域内要素流动和区域间要素流动。区域要素流动对区域经济发展具有重要重要作用，区域要素的组合可促使经济社会秩序化，加快企业分工，提高区域内部生产率，促进区域产业优化和经济发展，进而形成资源的最优化配置，由于区域要素的流动，可以强化各方面相对优势，形成区域特色经济。广义的农产品区域比较优势是指不同厂商、不同生产地域、不同季节、不同流通地域等因素影响下，产生了农产品竞争力差异，对此不同地区应该尽量生产使该地区获利较多的农产品，这种趋势引起生产要素的跨区域流动和重组，从而使要素在新的有比较优势的区域聚集，进而引起产业格局的变化。

具体到我国桑蚕产业的空间格局演变，不同地区在种桑养蚕方面存在的比较优势差距，是其内在推动力。例如，长江三角洲地区，气候条件适宜、有重商传统、水陆运便捷，加上吃苦耐劳的农民，历史上种桑养蚕业高度发达，并成为当地殷富的重要支柱；但改革开放以来，随着这些地区的制造业、金融服务业、互联网等产业的相继崛起，种桑养蚕的机会成本快速上升，比较优势相对下降，只能加速向广西、四川、云南等西南新兴产区转移。

二、区位选择理论与区位结构理论

区位是指某事物的位置以及事物与事物之间的空间联系。具体来说，区位一方面指该事物的位置，另一方面还指该事物与其他事物的空间联系。地理学发展过程接受了区位论的思想，引出了地理区位的概念，决策主体区位选择是各决策主体为追逐最大的经济利益，经典的区位选择理论一般指在一定约束条件下按照一定原则选择最优区位理论。主要包括有屠能、韦伯、廖什和克里斯泰勒等德国学者，还有美国的胡佛和普雷德等。

屠能农业区位理论。区位经济理论的雏形早在 18 世纪便已产生，法国的康提隆、德国的毕什等欧洲古典经济学家曾提出距离、运费及运输等因素将影响工业区位分布的观点。但直到 19 世纪 20—30 年代，随着德国农业经济学家屠能在 1826 年出版了《孤立国》一书，才正式标志着区位经济理论学说的诞生。他根据自己在德国北部麦克伦堡的长期农场经营的经验提出了农业趣味理论模式。在城市中心周边，在自然资源、交通条件和技术条件相同的情况下，离中心城市的距离远近带来的运输费用差，决定不同地区农产品的纯收益，形成六个农业地带：第一圈是自由农业地带，生产蔬菜和鲜奶食品，第二圈为林业带，为城市提供燃料和木材；第三圈到第五圈都是生产粮食谷物的，但是集约化程度逐步降低，第六圈为粗放畜牧带，最外侧为未耕地。屠能的观点认为，纯收益是选择在何处种植哪种作物的决定性因素，而农业生产成本、农产品的市场价格以及农产品的运费将共同决定纯收益的高低。屠能的《孤立国》产生的假定基础是，种植基本条件、单位产品价格和生产成本相同，市场单一，产品售价及运输手段固定，从而导致纯收益的高低将取决于运费的多少，而运费恰恰又和产销距离成正比。换句话说，市场距离产地越紧，商品的运输费用越少，纯收益越高，获利则越多。而随着二者间距离的逐渐增大，将导致纯收益随之降低，因此区位优势逐步消失。屠能还认为，对于同质作物，近市场区位集约化经营，而远市场区位粗放式经营；对于非同质作物，近市场区位种植纯收益较高作物，远市场区位则种植纯收益较低作物。长此以往，将会逐步形成一个以市场为中心的同心圆状农业空间分布结构。由此可见，农产地的区位会对人类经济活动产生较大的影响。屠能提出的农业区位理论模型，解释了在一个均质的假想空间里决定农业生产方式配置因素，即与市场的距离决定农业生产的类型（李瑜等，2007）。屠能之后的 100 多年以来，有很多农业经济学家先后都对屠能农业区位论进行了应用和修正。

布林克曼的农业区位理论。布林克曼在屠能理论的基础上，完善了运费最低区位理论。在他看来，产销距离只是影响区位经济的一个方面，集约度的高低才决定着农业的收益和农业区位布局。而集约度，除涵盖农场交通位置外，还包括自然条件、经营者特质以及国民经济发展水平，以上四个要素共同构成生产的集约性。进一步来讲，布林克曼提出，边际收益递减法则引导我们得出私人经济所允许的经营费用最高点位于限界收益与支出的交会点，也就是说最高的经济收益需要某一绝对正确的经营集约以上农业生产经营活动才能得到。

韦伯的工业区位论。韦伯对屠能的区位理论进行更深一步的延展，他在屠能"运输因素影响着区位经济的形成"的理论基础上，提出了一个重要理念：运费是运距与重量的函数，区位理论的中心思想在于寻找生产地与销售地间运费最低点。此外，韦伯还提出劳动要素的质和量是除运费外另一吸引工业布局的区位优势。费用最小化对工业生产有极强的吸引力，因此，交通便利。劳动力充足以及产业的集聚可以在一定程度上大幅降低生产费用，从而成为工业区位的决定性因素（黄旭平，2006）。产业的集聚可以在两方面来说，其一是从边际成本方面进行考量，随着生产规模的扩大，单位产品的生产成本将随之降低。其二是从产业区域集中方面考虑，区域的集中有利于企业间协同化分工，提高生产效率，降低生产成本。但万事皆有度，韦伯同时认为，产业过分的集聚将会产生负面效应，将不利于工业区位化发展。综上所述，韦伯，作为工业区位论的奠基人，他的核心观点在于运费、劳动要素以及集聚程度三个方面将直接影响工业区位的形成。而工业区位理论也为农业区位的发展提供一定的借鉴。

廖什的区位经济理论。需求和供给历来是经济发展的两方面，通过对屠能、布林克曼以及韦伯的区位论研究得知，他们的理论均是从供给的角度对区位问题进行分析。在把价格设定即收益一定为基础的条件下，通过寻找费用最低从而决定区位最佳。然而在实际操作中，价格在一定程度上将随需求的变化而变化，换句话说，企业所追求的销售最大的区位选择，即从需求的角度对区位问题进行研究却一直无人涉猎，直到德国经济学家廖什的理论诞生。他认为，从需求角度来看，价格将直接决定区位，价格的变化会因为最有区位的转移。廖什从需求的角度考察单个工厂的区位问题，通过利润最大化研究产业区位的形成。受均衡理论的影响，廖什把一般均衡理论引入空间经济分析，建立区位论的一般均衡模型，并将区位理论从生产领域扩展到市场领域，由局部扩展到一般，由单纯扩展到综合，建立了一种宏观的、静态分析的、以市场为中心的产业区位理论。

对传统空间经济理论的评价。屠能建立了最早的农业生产与空间变化的模型，他将影响农业区位形成的因素“孤立化”，单纯的研究产销两地间的运输费用对农业区位化的影响。他的理论研究方法成为区位经济研究的一个重要立足点，在日后的生产实践中，不仅被农业区位研究广泛运用，更逐步拓展至工业区位研究领域。但由于该理论只考虑了单一变量对区位形成的影响，而忽视了其他众多的因素，因此，理论与实践将会产生较大的偏差。

布里克曼在屠能的理论基础上进行了完善，他的理论认为集约度，包含农场交通位置、自然条件、经营者特质以及国民经济发展水平的高低才决定着农业区位的布局。相较于屠能的区位理论，布林克曼的区位理论更趋向于实际情况，但与屠能相同的是，他的理论也是从供给的角度考虑区位问题，并未拓展至需求方面的其他诸多因素。韦伯的区位理论在屠能的基础上进一步延伸，他的核心观点在于运费、劳动要素以及集聚程度三个方面将直接影响工业区位的形成。该理论相较于屠能和布林克曼更接近现实情况，同时对农业及工业的产业布局也有一定的借鉴意义。但是，韦伯的研究过于注重个体，对整个区域的论述少之又少，并且忽视了经济、社会、自然等诸多因素对区位形成为影响。再者，韦伯的理论依旧没有跳出供给方面的研究角度，在市场经济的条件下，尽管费用影响着区位的形成，但更为重要的因素则是利润。唐纳德·博格的人口—推拉理论进一步发展了区位理论，他认为产业区域转移是推力和拉力共同作用的结果，即发达地区存在着由产业结构升级与调整、集聚不经济、生产要素禀赋差异、经济发展政策等因素构成的产业区域转移的推力，欠发达地区则存在着由生产成本低廉、产业集聚与政府改造投资环境等因素构成的产业区域转移的拉力（张弢等，2008）。

廖什是第一位认识到需求对产业区位选择具有决定性影响的学者，他认为利润才是导致企业做出区位选择的决定性因素。但是在他的分析过程中，又忽视了供给因素的影响。由此可见，最佳的产业区位布局是由供给和需求共同决定的。

进入21世纪以来，我国桑蚕产业的空间格局演变，事实上也是推力和拉力共同作用的结果。从推力的角度，原先种桑养蚕发达的长江三角洲、珠江三角洲地区，由于新的产业的相继崛起、产业结构不断升级调整，种桑养蚕的机会成本上升、比较优势下降，成为蚕桑产业空间格局演变的推力；而从拉力的角度，其他产业发展依然滞后，种桑养蚕相对传统的其他经济作物生产，在收益方面有竞争力，在当地交通运输条件、生产加工能力、劳动力技术水平能不断改善的条件下，发展桑蚕产业的优势不断积聚，成为蚕桑产业空间格局演变的拉力。

三、农业生产力布局优化理论

生产力布局优化，实质是资源优化配置的一种形式，是资源经济学研究的一个核心问题。农业的生产力布局每时每刻都在随着社会、经济的变化，人口的增长以及人与自然的关系的调整而进行着相应的变化。在市场经济条件下，价值规律和竞争机制会引导资源的有效配置，因此，生产力布局的优化将促使生产效率的提高，从而间接决定资源的有效配置。在这一过程中，政府将兼具导向和校正的关键作用。换言之，是“使市场在国家宏观调控下对资源配置起决定性作用”。

市场在国家宏观调控下对资源配置起决定性作用，是指在国家的宏观调控之下，使资源在适应市场竞争及价格机制的前提下逐步实现优化配置。这一改变终结了我国多年来的计划资源配置，在计划资源的大环境下，农业资源远离市场并得不到有效的利用，资源无效消耗及无谓流失极为严重，同时导致价格严重脱离实际，更有甚者，竟低于私人边际成本。而在对资源进行有效配置后，极大地杜绝了资源浪费及过分的污染排放问题。同时国家通过财政、税收、贸易、金融等经济和法律手段将进一步完善资源的优化配置，促进国民经济的发展。

尽管市场经济作为改善计划经济低效运行的催化剂，但由于其独特的趋利性，与公共事业相关产业间将不可避免地产生冲突。以下两方面将详细阐述冲突产生的原因。一是由于一般情况下，环境开发成本远远大于环境资源收费，因此污水治理成本毫无疑问远大于排污成本，再加上资源改革不及时不到位，从而导致资源配置效率低下，社会成本提高。二是由于金融的趋利性，在市场经济条件下，经济的急速发展将对环境造成极大的压力，而控制污染的成本和费用将随之提高，供需关系将进一步激化。

国际贸易在经济全球化过程中，依然存在着初级产品、原材料与高科技产品、加工品间不合理的价格比值。而由于经济、技术甚至市场等种种原因，致使我们仍不得不继续对资源初级、高能耗高污染、低附加值的产品进行生产；更有甚者，对于稀缺资源，不知保护，无节制的开采甚至无保留的直接出口等，毫无疑问，这必然会造成资源的掠夺性开采与流失。同时，我们还必须注意的是“市场还常会忽略在只有双方参与的交易活动中，第三方所承担的成本和获得的效益”，在经济学中称为“外部影响”或“外部效果”。这是由于市场机制不能发挥其功能（失灵）而产生的一种扭曲现象。“当外部性存在时，社会福利即不能达到最大化”（克雷普斯，1990）。众所周知，不产生废物的生产是不可能的，而且生产过程中的许多物质也无法再循环。因此生产中资源投入越大，污染则会越重。所以支持自由市场的人为了避免这种情况的出现，认为可以实践讨价还价（科斯，1960）。但依旧存在弊端，讨价还价的前提是拥有完善的市场和清晰的产权，同时社会成本过高也是讨价还价过程中不得不考虑的问题；而支持命令和规章制度控制的人则主张进行政府干预，但政府干预需要管理者有足够的管辖权以及全面的信息，以及污染者可否及时停止污染，成本依旧高昂。如此可见，市场及政府干预互有利弊，趋利避害二者择优，实则两难。

市场机制和计划的（政府）机制共同构成了近现代宏观资源配置的经济机制。而市场和政府，在经济史的角度来看，经常互为转换主配角位置。在新中国成立后30多年中，我国一直实行完全的社会主义经济体制。在该体制下，完全排斥市场的作用，这对我国在该特有阶段的发展起到了重要作用，但在另一方面，也直接限制了我国的发展速度和规模。从20世纪80年代改革开放以来，国民经济逐步与市场经济接轨，但在接轨的过程中，尽管我们注意了协调宏观调控与市场机制，但依然暴露出诸多问题。在正常社会经济活动中，政府，作为职能部门，具有足够的能力对社会经济生活进行干预。原因在于它不仅代表全体社会成员，而且具有极强的管制力，特别是在公共事业以及垄断行业方面。当然，这里的政府应该是一个为市场服务规范市场的政府，因此在社会的不断变革中，政府应当脱虚向实不断转变其职能。

信息的不完全及不对等会导致市场的失灵，而市场的不完善将会存在不完全竞争。现阶段，真正意义上的完全竞争尚未实现。而无人能够干预市场并对市场负责则成为市场失灵的根本原因，阻止市场失灵的有效途径便是寻找能够对市场负责的人，普遍看来，政府自然是最佳的选择。作为自然垄断性组织，政府的主要作用便是“稳定经济、收入分配和资源配置”，当然，政府干预依旧可能存在浪费和低效率，并且其存在的“寻租活动”和价格扭曲等行为，也导致其丧失了追求成本最小及效益最优的能力，并使其成为“一只看不见的脚”。由此可见，在社会经济活动中应根据实际情况选择相配的资源配置机制，目前来看，选择完全依靠政府的人并不多，而将政府与市场相结合，构建行之有效的混合形态则是下一步所需完成的。同时，如何将市场行为的理性和政府行为的市场性有机结合起来也是我们急需考虑的。

具体到桑蚕产业的具体情况而言，回顾历史，其从中原地区向长江三角洲、珠江三角洲、洞庭湖平原、鄱阳湖平原转移的过程中，由于更好的气候条件、更密集的劳动力资源、更便捷的交通等因素，往往伴随着桑蚕产业生产效率的明显提高，是符合比较优势理论的。而把视野拉回到近十年我国桑蚕产业空间格局的演变，可以发现，“两广崛起”“东桑西移”为代表的桑蚕产业空间格局演变，桑蚕产业实际是从比较优势最显著的地区转移到了比较优势次优区域，推动其空间格局演变的因素，最主要的是桑蚕产业比较优势在两湖、苏南、浙北等优势区域大幅下降，劳动力、土地等被转作他用，缫丝纺织企业也转向生产成本更低的中西部地区，政策因势利导推动，广西、四川等新兴蚕桑产区快速发展，因而，其演变的历程既伴随着比较优势的变化，也与政策等制度环境有密切关系。

四、梯度转移发展理论

梯度转移理论的基础是弗农的生命周期理论。该理论认为，创新、发展、成熟和衰退四个阶段涵盖了工业各部门各产品处于生命周期的各阶段。在此之后，赫希哲和威尔斯等人对该理论进行了论证和充实，并将该学说引入区域经济学的研究中，从而诞生了区域经济发展梯度转移理论。这一新理论认为地区经济部门所处的梯度将决定主导产业部门的位置，而主导产业的位置会引领区域经济的发展。举例来说，如果地区经济部门处于创新阶段，则说明该区域具有发展潜力，则将该区域列入高梯度区域。该理论还认为，绝大多数的创新活动都发生在高梯度地区，而创新活动则是决定区域发展梯度的决定性因素。随着经济发展以及时间的推移，生产活动会由高梯度地区流向低梯度地区。这一理论与日本学者小岛清提出的雁行发展模式存在异曲同工之处，他将日本、亚洲四小龙、东盟、中国等国家和地区分为一、二、三、四批大雁。

“产业区域转移”是以企业为主导的经济活动，不同地区经济发展水平的差异导致产业发生转移的经济现象，在市场经济条件下，相对发达区域的企业基于比较优势，把相关部分产业转移到经济发展或欠发达地区，因此，产业在空间分布上表现出该行业由相对发达地区向发展中区域转移的现象（姚远等，2013）。区域产业转移建立在产业分工的基础上，对区域经济结构调整和区域经济关系优化具有重要意义，目前学术界对产业转移的动因、形式的等基本问题没有明确统一认识，一般从劳动密集型产业开始，由发达区域向欠发达地区形成产业转移递进，可以较好促进区域产业结构调整，加强区域产业分工，改变区域地理环境并改变劳动力就业的空间布局。

根据梯度转移理论，发达地区的逐步发展伴随着将生产和要素向次发达和欠发达地区转移。在我国改革开放伊始，华北、长三角及珠三角地区农民受益于种桑养蚕的经济活动，从而首先脱贫致富；然而随着经济的发展，农村劳动力逐渐由农业向非农业转移，桑蚕产业的比较利益降低，经济较发达地区农民种桑养蚕的积极性降低，桑蚕产业生产区位向较落后的西南云南、广西和西北的甘肃等地区转移。

第三节　中国桑蚕空间格局演变及其优化理论假设

现有的四大理论，对我国桑蚕产业“东桑西移”“两广崛起”等现象，都能从一个侧面作出解释。但是，事实上我国桑蚕产业现有格局的形成和演变，其影响因素十分复杂，其内在机理并不能完全依靠现有理论进行解释。例如，为什么实质性的空间格局转移会出现在最近 10 年？而事实上长江三角洲、珠江三角洲等传统优势产区，其比较优势的衰退是个持续而缓慢的过程，而且改革开放之后就已经发生了；又如，为什么空间格局转移会转在西南的云南和广西地区，而其在这两省（区）里也只是少数县做大做强，成为新的空间格局下，桑蚕产业的中流砥柱？而事实上，无论从要素禀赋、区位条件等看，还是从人文环境、劳动力资源等看，具备相似条件的地方还有很多，但并不是所有具备条件的地方都承接了传统优势产区转移出去的桑蚕产业。

因而，本文在现有理论的基础上，提出了对中国桑蚕空间格局演变及其优化进行研究的假设：

第一，比较优势的变化构成我国桑蚕产业空间格局演变的内在动力、必要条件；

第二，要素禀赋、区位条件等客观条件，以及经济、政策、环境、科技、环保等诸多方面、诸多因素，特别是国家层面的大政方针、地方政府的营商环境等，共同构成桑蚕产业空间格局演变的拉力，也就是说我国桑蚕产业空间格局演变是主客观因素共同作用的结果；

第三，国家层面的大政方针，特别是“东桑西移”战略的提出，是近 10 年以来我国桑蚕产业空间格局演变最重要的推力和影响因素；

第四，近 10 年以来，我国桑蚕产业空间格局演变，对我国整体上保持桑蚕产业的竞争优势，特别是推动中西部蚕区技术效率有积极作用；

第五，只有综合考虑要素禀赋、区位条件等客观条件，以及经济、政策、环境、科技、环保等诸多方面、诸多因素，才有可能明确我国桑蚕产业空间格局演变的规律和特征，进而明确其未来格局优化的原则、目标和路径；

第六，我国桑蚕产业空间格局优化的原则、目标和路径，仍遵循比较优势理论，新的主产区应当是逐渐形成并发展了桑蚕产业优势的区域。

第四节　本章小结

通过对相关理论的梳理和分析，可以看出，现有的比较优势理论、区位选择理论与区位结构理论、农业生产力布局优化理论、梯度转移发展理论都已经非常成熟完善，相关研究成果也十分丰富，这些理论既有利于我们明晰桑蚕产业空间格局演变的分析框架，也为分析我国桑蚕产业空间格局演变的规律、原因、趋势等，提供了扎实的理论支撑。

一、关于比较优势理论

比较优势适用于国际分工以及国内区域分工。在开放的经济社会当中，区域分工为实现资源的有效配置和收益水平的最大化，都应遵循生产具有相对优势的产品，而后通过内外贸或进出口换得具有相对劣势的产品。传统的桑蚕产业主产区苏南、浙北等长江三角洲地区，与西南的广西、西北的甘肃相比，最突出的优势在于聚集有大量的资本、技术，而且拥有便捷的交通，特别是跨国贸易的港口，人口相对来说不能满足实际需要，因而发展资本技术密集的外向型加工制造业等具有优势，继续种桑养蚕不具备优势。而广西、甘肃等地，经济相对尚未发展，资本、技术不足，而人力相对充裕，发展劳动密集型的桑蚕产业具备优势。

二、关于区位选择理论与区位结构理论

区域空间结构理论强调各组成部分结构变化过程，区域空间结构在地理上表现出的形态是不一样的，依据不同的点、线和面的内在经济技术联系和空间位置关系，相互连接在一起，形成了特点功能区域空间结构（涂人猛，2014）。现代农业区位论不仅考虑市场距离对农业布局的影响，还考虑自然、技术、社会等其他因素并结合农业区域优化组合，为农业决策提供科学依据。应用农业区位论，可以系统的从政治、经济、政策等多个角度，分析桑蚕产业空间结构演变的规律、机制，可以更好地强化理论运用并促进桑蚕产业发展。

三、关于农业生产力布局优化理论

该理论可以阐述农业土地类型与农业生产集约程度的影响，更重要的是首席确立了农业土地利用类型的区位存在着优势区位相对性和客观规律性（闫建伟，2014）。21 世纪以来，我国桑蚕产业以“东桑西移”“两广崛起”为特征的空间格局演变的发展，实际上实现了多赢：首先，我国桑蚕产业的优势地位不仅没有削弱，而且极大巩固；其次，新型主产区的农民通过种桑养蚕，极大地增加了收入，当地的经济发展又有了重要支撑；最后，传统主产区腾挪除了宝贵了耕地、人力等资源，可以发展更有比较

优势的经济作物和装备制造业，当地的产业结构也得以优化。

四、关于梯度转移发展理论

他是指产业区域转移的过程中出现的产业地域、规模、层次的变化所形成的新的格局形式，是一个动态的发展过程，一般是行业壮大发展的过程。种桑养蚕作为有几千年发展历史的传统行业，其在现代社会里，与新型行业相比，占用大量的人力而产出相对较少，促使其不断从经济高速增长的区域，向经济发展相对不充裕的地区转移，这个理论实际上可以比较好地解释我国桑蚕产业“东桑西移”“两广崛起”等现象。

依据现有四大理论，构建形成综合考虑了比较优势变化，主客观条件，特别是国家大政方针、地方营商环境后，构建的新的桑蚕产业空间产业格局演变和优化的理论假设，既对近 10 年以来我国桑蚕产业空间格局演作出尽量详尽的解释，又能比较全面和符合实际地提出未来我国桑蚕产业空间格局演变的趋势。

第三章　世界桑蚕产业格局历史变迁

桑蚕产业的最终产品是茧丝绸，而茧丝绸是外贸依存度十分高的产品。改革开放以来，中国桑蚕产业生产空间布局发生了较大变化，要研究引起这种变化的原因，回顾世界及中国桑蚕产业空间格局、分析中国桑蚕产业生产空间布局的时空变化特征，既是基础也是关键。所以，本章内容对于整个研究至关重要。

我国桑蚕产业在世界占有举足轻重的重要地位，数世纪以来都是全球种桑养蚕和桑蚕产业生产加工、研发设计、贸易流通的重要中心（顾国达等，2003）。我国桑蚕产业既通过催生“丝绸之路”和“丝绸文化”等经济文化现象，记载了人类活动的轨迹，在人类发展史中写下了辉煌的篇章，而且其本身盛衰变迁和空间格局的演变历程，也是一部浓缩的中国历史，特别是经济地理发展史。更重要的是，这种变化在近现代以来依然在深化发展。回顾世界及中国桑蚕产业的发展历程，通过主产区的变迁，是直观了解桑蚕产业空间格局特征和演进规律的基础，对归纳推动桑蚕产业空间格局演进的驱动因素也有间接帮助。本章从世界桑蚕产业发展历程、我国桑蚕产业的发展历程以及我国桑蚕产业的发展格局演变特点等几方面，对我国桑蚕产业从历史和空间两个维度勾勒其全貌。

第一节　世界桑蚕产业空间格局演变简述

一、世界桑蚕产业空间格局演变历史

回顾世界桑蚕产业发展历程，可以看出其显著的特征是，由中国发轫，以中国为中心，通过丝绸之路、海上丝绸之路的贸易和文化的交流，逐渐向东亚的朝鲜半岛、日本，渐次传至东南亚、南亚的印度、巴基斯

坦，进而远至西亚、北非和欧洲，而拉丁美洲各国开始种桑养蚕基本是近现代以后，其规模一直式微。

桑树适应不同气候环境生长的能力强，受自然条件要求限制少，因而种桑养蚕实际是一个进入壁垒比较低的行业。中国是蚕桑生产最早发源地。随着“丝绸之路”的形成和发展，中国的种桑养蚕技术开始向世界各国传播，进而使桑蚕产业在很多国家都发展壮大起来了。公元前 12 世纪至公元前 2 世纪，传到了朝鲜并转到了日本，“丝绸之路”打通后，种桑养蚕技术逐渐传至阿富汗、伊朗、伊拉克、希腊、意大利和法国等中东、欧洲国家。受气候等自然条件、历史文化及经济社会诸多因素影响，桑蚕产业在各国和地区的发展也呈现急剧变动态势，其在世界范围内生产格局的分布不断变化。种桑养蚕属于劳动密集型产业，其随着一国、一地区经济起飞而式微的特征，在不同国家反复上演。

19 世纪前，世界上蚕桑生产集中在中国。19 世纪开始，桑蚕产业的生产重心开始了跨区域的迁移。

19 世纪中叶，法国、意大利等国曾是世界桑蚕产业的主要来源基地（张剑光，2005）。1890—1909 年，日本和中国的生丝出口量占世界生丝贸易总量的近 60%，法国与意大利出口量占约 30%。1910 年至 20 世纪 30 年代，受家蚕微粒子病的迅速传播影响，法国、意大利的蚕茧产量逐年减少，两国生丝出口量的国际市场份额下降至 5%左右，较巅峰时期萎缩了 80%。之后，欧洲蚕桑生产规模已经极小，而转为印染、服装加工、设计等高附加值丝绸产品的生产基地。

1868 年日本明治维新以后，伴随着西欧工业革命的升华发展，世界桑蚕产业重心逐步由欧洲转向日本。

20 世纪 40 年代到 60 年代，日本保持了世界第一蚕桑大国的地位，长期垄断国际丝绸市场。例如，1938 年，日本茧产量和丝产量分别占世界总量的 65%和 76%；1961 年其蚕茧产量为 11.5 万吨①，占世界总产量五成以上，茧产量和丝产量占世界总产量排名第二的为中国，其比例分别均

---

① 来源于联合国粮食及农业组织（Food and Agriculture Organization of the United Nations，FAO）官方网站数据，网址：http://faostat3.fao.org/home/E。

为近 1/4；第三是乌兹别克斯坦，蚕茧产量和丝产量分别占比世界总产量约一成；位列第四的是茧产量和丝产量占世界总量 1/20 的印度。此外巴西、韩国等国也生产茧丝。

20 世纪 70 年代世界桑蚕产业空间格局变化表现为：中国蚕丝业在不断发展壮大的背景下，被动向别国转移，而日本则是主动转移，巴西、韩国、印度主动成为日本蚕丝业转移承接国。20 世纪 70 年代后，随着日本重新崛起，工业、服务业日益成为日本经济的支柱占用劳动力、土地较多的桑蚕产业逐步由日本向韩国、印度和巴西转移。日本蚕桑业在国际竞争中逐渐退出，与劳动力费用过高有直接原因。但韩国桑蚕产业发展仅持续了 10 年，到 20 世纪 80 年代逐步萎缩。1990—1999 年间，日本茧产量和丝产量占世界总产量从原来排名世界第一减少至不到百分之一。

中国桑蚕产业则加速发展，与逐步没落的日本桑蚕产业形成鲜明对比。1949 年新中国建立后，中国采取“大力发展蚕丝生产”的方针，致力于桑蚕产业的恢复和振兴，根据 FAO 有关记录统计，中国桑蚕产业呈明显上升趋势（图 3-1）。1970 年我国的蚕茧产量超过日本，标志着世界蚕桑中心逐渐回归中国。根据 FAO 的统计，1961 年中国蚕桑产量约为 1.5 万吨，仅占世界蚕桑产量的 7.0%，到 1980 年中国蚕桑产量突破 10 万吨以上，占世界蚕桑产量的比例超过 30%。1992 年中国蚕桑产量达到

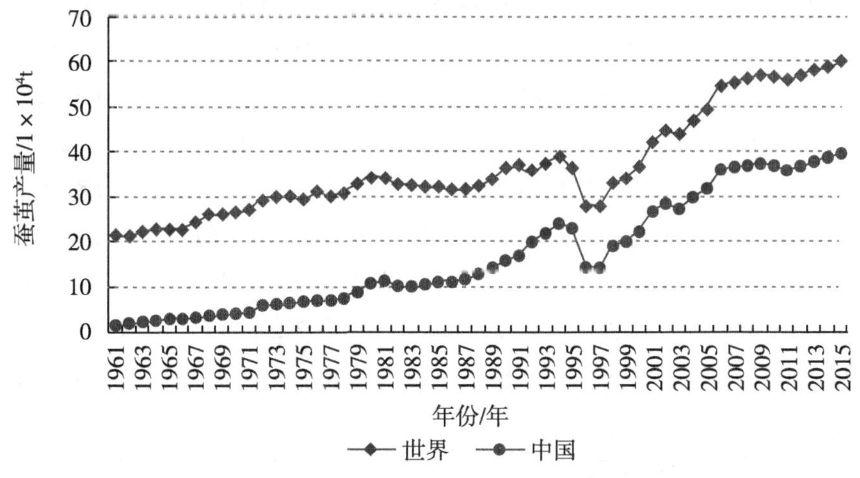

图 3-1 1961—2015 年世界和中国蚕茧产量

Fig. 3-1 Production of cocoon in China and the world from 1961 to 2015

20万吨，占到了世界蚕桑产量的55.9%，成为世界最重要的桑蚕产业国。但随着20世纪90年代的国内国际市场变化，中国及世界蚕桑产量出现了一定的波动。1995年之前，中国蚕桑产量一直处于逐年增加的态势，1994年达到峰值为24万吨。而1996年和1997年受到世界经济低迷和中国宏观经济波动的影响，加之茧丝绸行情滑坡，蚕桑产量大幅下降，蚕桑产量在14万吨左右。从1998年和1999年开始，蚕桑生产规模逐渐恢复，近些年中国蚕桑产量生产量占到了世界总生产量的2/3左右。

同时，以印度为主，包括巴基斯坦、孟加拉国、斯里兰卡等在内的南亚各国，桑蚕产业依然方兴未艾。

二、世界桑蚕产业空间格局现状特征

如今，全球有约40个国家及地区在进行蚕丝业生产，世界桑蚕产业生产中心正向以中国为首的亚洲国家地区转移，特别是印度、泰国、越南、巴西、乌兹别克斯坦等国的茧桑蚕产业发展迅速。由2000—2013年世界蚕桑产量空间分布格局可以看出（图3-2），世界蚕桑主要生产国位于亚洲、地中海区域以及南美洲的巴西及非洲的埃及和马达加斯加岛。在此区域内，除了中国、日本、韩国等国家外，种桑养蚕主要主产国均为经济欠发达的国家和地区。

2000年，世界蚕桑产量高的地区主要集中于东亚的中国、日本等国，其次为南亚的印度和南美洲的巴西地区，中国蚕桑产量占世界总蚕桑产量的66.5%；2005年，世界蚕桑产量格局发生了一些变化，中国蚕桑产量仍居世界第一，占世界蚕桑产量的69%，其次为印度、巴西等地区，而日本蚕桑产量大幅下降。2010年与2000年世界蚕桑产量空间分布格局基本一致，蚕桑产量高的地区位于东亚地区，中国蚕桑产量占世界蚕桑产量的65.6%，地中海区域蚕桑产量发展平稳缓慢。2013年，中国蚕桑产量仍居世界第一，占世界总蚕桑产量的66.2%，中亚的乌兹别克斯坦桑蚕产业发展较快，仅次于中国和印度排在世界第三，而南美洲的巴西蚕桑产量明显下降。

总体而言，21世纪以来，我国蚕桑产量一直处于世界第一的位置，蚕桑产量占世界总蚕桑产量的65%以上，中国桑蚕产业的变化影响着全球桑蚕产业的发展。但是，南亚、西亚及南美的巴西等地桑蚕产业发展较快，为全球桑蚕产业的发展增添了亮色。

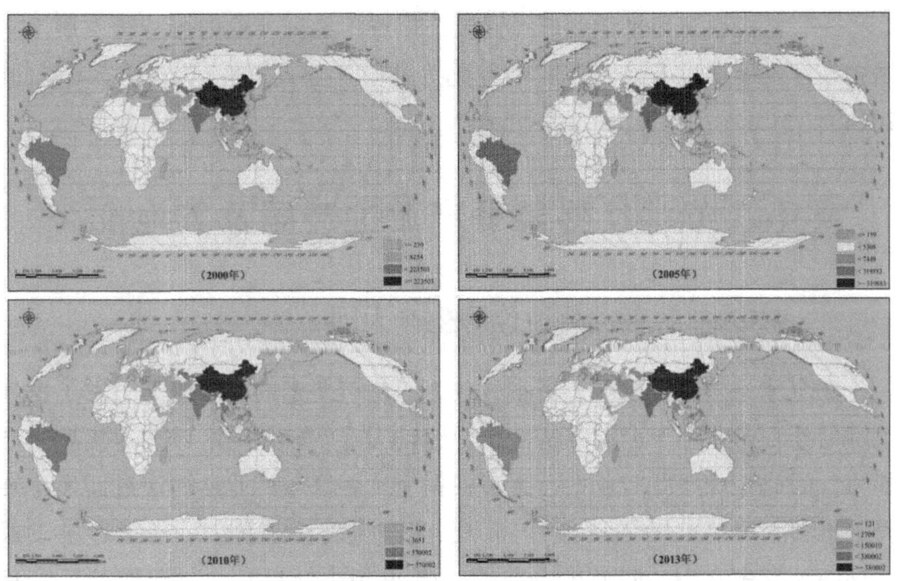

图 3-2　2000—2013 年不同时期世界蚕桑产量空间分布格局

Fig. 3-2　The spatial distribution pattern of silkworm yield in different periods from 2000 to 2013

三、世界桑蚕产业发展演进基本规律

回顾世界桑蚕产业空间格局演变历程，桑蚕产业转移发展主要规律特点如下。

——工业化的发展会导致农业生产结构的巨变，桑蚕产业往往首当其冲走向衰落。作为传统的土地、劳动力密集型产业，种桑养蚕占用劳动力多，短时期内劳动强度较大，而产出相对较少，因而往往出现伴随国家工业化发展程度，桑蚕产业日益衰微的现象。意大利、法国、日本、韩国桑蚕产业的兴起与衰退，一再证明了这个规律。

——桑蚕产业发展需要比较高的自然资源禀赋，包括要有丰富的耕地资源、适宜的气候条件，还要有比较充裕的劳动力资源。印度、巴西等国，尽管发展种桑养蚕的历史较短，但由于有适宜桑蚕发展的气候、土壤等自然资源条件，在 20 世纪 70 年代以来发展较为迅速。

——产业规划及产业政策将影响桑蚕产业发展。例如印度、日本等国通过实施积极政策，有效促进桑蚕产业实现较好发展。

——科技创新和科学生产经营模式推进了桑蚕产业的可持续发展。中国在技术发展后以及经营模式的优化为桑蚕产业发展提供支撑（周育仙，2014）。

第二节　世界桑蚕产业主产国及其地位

一、中国：具有优势地位的生产大国

在全球一体化进程中，资本、技术等生产要素的跨国流动引发了世界范围的桑蚕产业生产区域结构变化，劳动力成本较低的区域快速集聚生产能力。因此全球桑蚕产业中心逐步根据全球各区域产业结构演进而发生转移。事实上早在1801—1899年间，已经产生转移趋势，一般通过被动或主动两种形式发生。回顾历史来看，19世纪中叶后日本发起明治维新运动，此时日本逐渐成为新全球蚕丝业中心。

中国和印度是20世纪90年代以来全球最主要桑蚕生产国。90年代初，印度桑蚕茧的产量是7.8万吨，而中国是印度产量的两倍，两者产量和占世界桑蚕茧产量的64.8%。到了2008年，中国蚕茧产量为37万吨以及印度的11.4万吨，占世界桑蚕茧产量的91.3%。在这段时期，世界桑蚕茧生产逐渐向这两个亚洲国家集中，生产集聚程度非常高。

中国与世界其他桑蚕产业主产国对比来看①（图3-3），1980年以前世界其他国家蚕桑产量总体处于波动上升阶段，1976年蚕桑产量达到峰值24万吨。1980年后，世界其他国家蚕桑产量开始逐年下滑，而中国在1980年前后蚕桑产量有一次陡升提高，从1978年的7.6万吨，到1981年达到11.5万吨。到1992年，我国已成为全球最主要的桑蚕产出国，产量大于全球其他国家总和。随后几年，世界其他国家蚕桑产量大幅下降，1997年降到13万吨，为有记录以来的最低值，随后缓慢上升。而我国蚕

① 来源于联合国粮食及农业组织（FAO）统计的31个国家（除中国外）蚕桑产量数据。

桑产量在波动性上升。总的看，1961—2015 年，中国蚕桑产量变化趋势与世界蚕桑产量变化趋势基本一致，说明中国在世界桑蚕产业中占有主导地位。

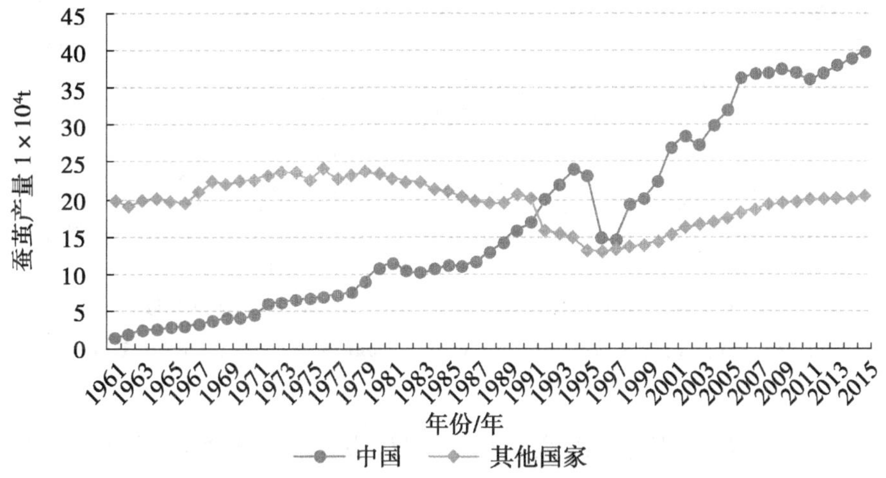

图 3-3 1961—2015 年我国与世界其他国家蚕桑产量

Fig. 3-3 Silkworm production in China and other countries in the world from 1961 to 2015

中国与世界主要桑蚕产业国家日本、印度相比较（图 3-4），中国和印度蚕桑产量在逐年上升，而日本逐渐呈下降趋势。1978 年之前，日本蚕桑产量远大于中国，为世界最大蚕桑生产国。1979 年中国蚕桑产量以 9 万吨超越日本，成为世界最大蚕桑生产国，而日本桑蚕产业从此逐年衰退，到 2002 年已经低于 1000 吨，2015 年只有 135 吨。印度与中国发展趋势相似，1961—2015 年蚕桑产量呈上升态势，但发展比较平缓，蚕桑产量远低于中国。

二、意大利和法国：世界的加工和消费中心

据国际丝绸协会、欧洲丝绸工业协会、法国纺织工业协会和意大利丝绸协会介绍，由于高额的劳动力成本，欧洲种桑养蚕规模已逐渐减弱，但生丝，依然保持了在桑蚕产业市场的优势地位。

进入 21 世纪以来，整个欧洲，尤其是意大利，桑蚕产业萎缩加剧，

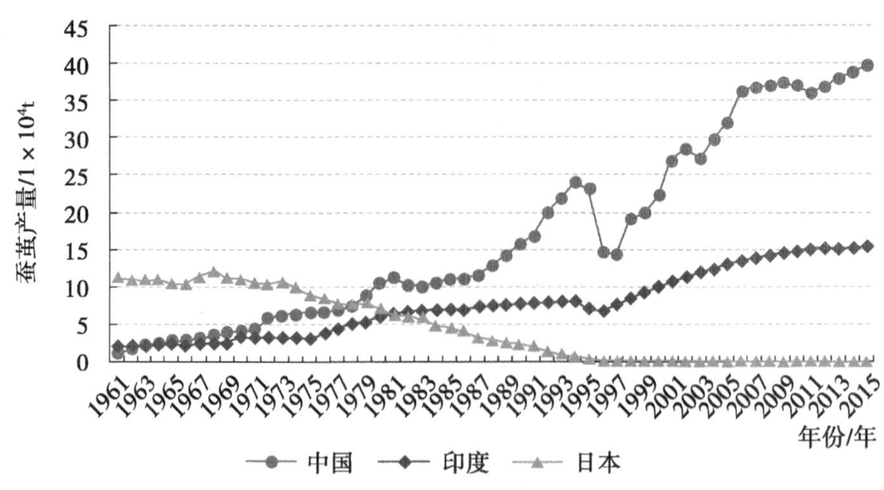

图 3-4　1961—2015 年中国、日本、印度等三国蚕桑产量

Fig. 3-4　Silkworm production in China, Japan and India from 1961 to 2015

价格压力和国际出口环境变差，订单锐减，随着全球越来越多的国家开始生产纺织品，欧洲劳动力成本升至世界第一，故而欧洲企业的生存根本是提高产品的附加值，生产高档丝绸产品及服装。现今欧洲只有个别国家存有桑蚕产业，如瑞士、法国等，其中意大利是欧洲桑蚕销量最大的国家，占欧洲全部销量的八成左右。2012 年，意大利丝绸产品出口值达到 89400 万欧元，与 2011 年相比，增加了 6.1%。同时，从中国进口的生丝量为 2037 吨，纺织品进口量为 1934 吨，与 2011 年相比，进口总量略有减少，但是由于单价上涨的原因，总价值略有增加。2012 年，意大利的丝绸面料消费和生产量相比于 2009 年已增加了约 15%。

三、日本：曾经的生产大国、现在的消费大国

从 1970 年开始，日本桑蚕产业不断萎缩，出现著名的蚕业发展“日本现象”，即因经济危机的冲击及工业化进程，蚕茧生产逐渐从日本向印度、巴西、韩国转移，直至 1975 年，日本不再对外出口蚕丝，由此以日本为首的发达国家丝绸生产开始衰落。现今，日本借助其在纤维工程研究方面的成绩，只保留了高端科研领域的研究。

桑蚕产业曾经是日本主要支柱产业之一，对日本外汇收入和现代化作出贡献，为摆脱日本桑蚕产业完全崩溃的边缘，日本对振兴主要采取：培

育新型桑蚕品种，只孵化出具有灭活致死基因的公蚕幼虫；通过基因技术，生产拥有独特特征或能产生有用物质的生丝；成立协调小组提高采用生丝所生产的丝织品的产量；提出“和服文化考试”，传播正确的和服文化知识，保护和服文化，以及举办丝绸文化研讨会。此外，鼓励和支持企业进一步研发高科技蚕丝制品，如开发“可洗涤丝绸”新技术，提高丝绸行业的国际竞争力。

目前，日本国内丝绸产品所需原材料主要依赖于国外进口。在日本市场，中国产品稳居供应国之首。20 世纪 70 年代后，日本传统桑蚕产业萎缩，但日本人均消费量持续增加。目前，日本人均蚕丝消费量远远高于世界平均水平，约为后者的 4 倍。为满足国内需求，日本对丝绸原料和服装的进口主要集中在附加值较高的中高档产品中。

四、印度：日趋重要的生产和消费大国

印度蚕丝业在全球茧丝行业中占有举足轻重的位置，是全球仅次于中国的第二大茧丝生产国，同时也是全球生丝的主要消费国，其产量占全球总产量的 16%，其年消费量约占全球总产量的三成。

位于热带区域的印度，全年都能养蚕，是全球唯一有能力大量生产桑蚕丝、琥珀蚕丝、蓖麻蚕丝和柞蚕丝的南亚国家。在全部蚕丝产量里，蚕丝占比一成，桑蚕丝占比九成，其主要产自卡尔纳塔卡、安德拉普拉代施、也泰米尔纳多以及东部的西本加尔，这 4 邦几乎垄断了印度桑蚕丝生产量，占比超过印度桑蚕丝生产总量的 95%。此外，甲尔肯得、恰蒂斯噶尔和奥丽沙等邦主要生产柞蚕丝，蓖麻蚕丝的主产地为马尼普尔、阿萨姆、那嘎兰多、麦嘎拉雅等东部各邦，琥珀蚕丝主产地为东部的麦嘎拉雅、阿萨姆、阿鲁纳恰鲁、普拉代施等邦。

根据印度商业和工业联合会一项研究报告，印度劳动力最为集中的城市周边及农村地区是其桑蚕产业聚集地。按照 2007 年数字统计结果，印度桑蚕产业从业人员总数超过 600 万，约占印度总就业人数的 1.5%；印度有约 80 万农户参与养蚕，形成 5 万多养蚕村；缫丝业有近 3 万台座缫机、自动缫丝机、机械织机和近 26 万台手织机。截至 2012 年年底，印度该产业为约 5 万个村庄的 760 万人提供就业机会，拥有 32.8 万台手工织

布机、4.58万台机械织布机及81.4万名纺织工人①。

如前文所述，印度是丝绸产品消费大国，仅有两成用于出口，其余大部分供国内消费。但其出口数量逐年呈现增加态势。生产方式主要以作坊和家庭为单位，手工生产占全国丝产量九成的无等级丝，生产工具是3.5万台土缫丝机及2.6万台电力座缫机，这两种生产机器都由手工操作。近年来，随着产量逐渐上升的二代茧丝对新兴缫丝机提出更高要求，印度中央丝绸研究所举国推广可缫制我国2-4A级生丝的包括烘煮茧、复摇、打包等成套缫丝设备。此外，我国先进装备受到印度热烈欢迎，印度中央政府对选择进口自动缫丝机的企业进行补贴。印度桑蚕产业的优势有几个方面：一是，政府重视，财政支持，统筹规划；二是，管理机构完善，协调开展工作：成立中央丝绸委员会、印度丝绸出口促进会及各邦蚕桑厅协调促进桑蚕产业发展；三是，重视科研、繁育、技术推广体系建设；四是，蚕丝业科技进步成绩显著：加强蚕丝新品种的培育和推广，提高桑园管理的机械化水平；五是，有利的产业体系，稳定的国内市场；六是，气候适宜，劳力充足，土地广阔；七是，通过引入外国资金和技术等力量推动本国蚕业加快发展，提升其科技水平并强化基础建设，如世界银行及瑞士合作和发展组织对印度提供五亿美元资金援助。根据印度中央蚕丝局规划，2010年重点蚕业产区蚕丝产量将实现95%自给率，年产量达2万吨。在印度蚕业的重点在技术上得到海外国际协力组织JICA的支持，定期定时派遣日本专家赴印度技术援助，重点在大力培育适合印度的二化性蚕品种，以提高蚕丝品质；八是，实行工农业免税，市场商业流通收税。

印度桑蚕产业扶持政策主要表现在两个方面：一方面，给予专门的财政补助。桑蚕产业是印度国民经济的重要支柱，印度政府计划2012年把丝绸产量提高到2.6万吨，并开发桑蚕丝、柞蚕丝、蓖麻蚕丝和琥珀蚕丝四个品种，为此印度政府已经拨付147.6亿卢比专款；另一方面，印度国家政府和中央丝绸委员会通过采取各种支持措施，如加强对蚕农的补助、保障缫丝从业者的利益、提高生丝进口关税等措施，保护

① 来源于联合国粮食及农业组织（FAO）统计的31个国家（除中国外）蚕桑产量数据。

国内桑蚕业和缫丝业。

五、巴西：新兴的生产大国

巴西是仅次于中印越南的蚕丝生产大国，该国养蚕产业虽起步较为落后，但其高质量的蚕丝在全球市场中愈发拥有良好声誉。该国种植桑树约13 000公顷，约有5 000户农民从事蚕桑生产，这个数字还在不断增长，巴拉纳州新埃斯佩兰萨市的丝绸产量占全国九成。该国可以生产全球质量等级最高的4A-6A蚕丝，因此世界著名品牌爱马仕的纱巾和领带用100%的巴西蚕丝制作。该国蚕丝总产量的六成出口至其蚕丝最大出口国日本。而该国本国仅消费其总产量1/20的蚕丝。巴西蚕丝业发展特点如下：

1. 贸工农一体化的模式

虽然自然环境有助于该国该产业的发展，但这种模式对于促进其蚕丝业发展也发挥了重要作用。该国规模最大的三家缫丝公司负责生产、催青、现场指导、收购、出口等一揽子服务，农户只需种桑养蚕结茧，这种模式通过形成利益共同体，为提高生产质量水平、自动连续生产高级生丝提供坚实保障。

2. 缫丝生产技术装备领先和企业管理方式现代化

该国缫丝生产企业通过管道输送进行烘、选、煮、喂茧等一系列操作，并采用标准化定量自动方式配送蚕茧；同时对日本出口的缫丝机进行改进，从而保证其全球领先的生丝质量。此外，采用日本企业管理方式，保证秩序井然的车间生产环境，为生产好品质缫丝提供支持。

3. 政府的有力支持

巴西政府特别是巴拉那州政府对蚕丝业十分重视。作为农业大省的巴拉那州，始终把蚕丝业作为支柱产业来发展，推动农业经济，制定配套扶持政策，减免土地和农产品税收，提供无息贷款和技术支持，使农民脱贫致富。1997年巴拉那州政府与世界银行签订了“巴拉那十二个月计划”共3.7亿美元贷款项目，用于支持巴拉那蚕桑发展。

第三节　中国桑蚕产业空间格局历史变迁

一、新中国成立以前中国桑蚕产业发展历程

我国作为全球公认的蚕丝业发祥地，素有“男耕女织”之传统，在相当长的历史时期内，是世界上唯一养蚕缫丝的国家。

中国丝绸生产的历史长河中，长江流域具有极其深远的影响。宋代开始江南已成为全国蚕桑生产三大中心之一，元代其地位更为显著，至明清，江南已成为中国蚕丝生产数量、品种、纹样最盛，生产力量最集聚的区域，长江丝绸作为席卷全球的商品，在对外文化交流和贸易中拥有不可撼动的地位，直至今日，长江丝绸仍在国内外具有显著优势。

20 世纪以来，我国考古与历史文献相互印证，我国是世界桑蚕产业的发源地。我国桑蚕产业三大起源地包括黄河中下游、长江中下游流域和四川盆地的三江流域（祁广军，2013）（图 3-5）。

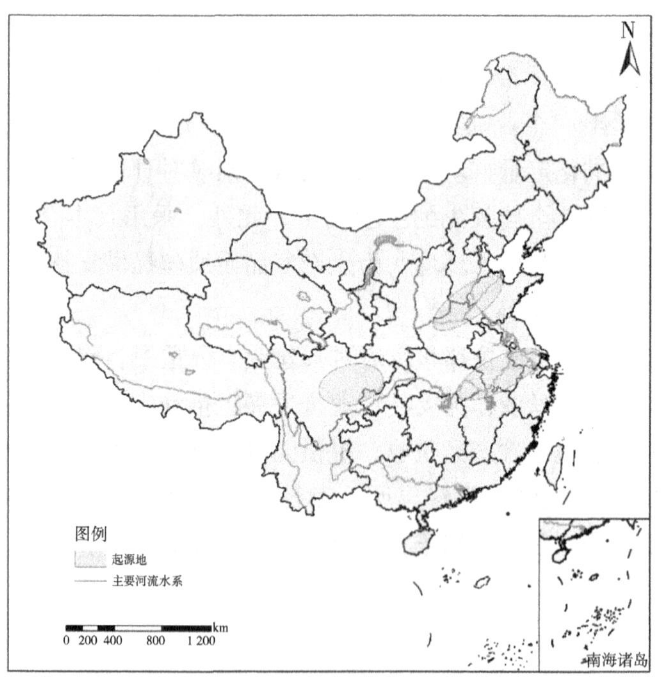

图 3-5　桑蚕产业三大起源地位置

Fig. 3-5　Three origin locations of silkworm

考古发现，我国种桑养蚕已经有7 000年的历史，在我国历史的殷商时期，甲骨文中就有了桑、蚕等文字，并有祭祀蚕事的记述，说明当时桑蚕农事活动已成为一件重要的生产活动（祁广军，2013）。考古发现的材料充分证明，中国的桑蚕起源于黄河流域和长江流域这两大中心，在很早的时候，中原地区就有了纺织业，但相比较，桑蚕产业在长江流域的发展的成熟度更高（金菊华，2008）。根据发现于长江流域的考古资料推断，彼时良渚文化时期织造技术已达一定程度。小部分北上的良渚先民向北迁移，其带去的包括桑蚕文化在内的先进文化，构成中国桑蚕产业主产区中心的第一次区域性转移。历史上的第一次区域性迁移，对夏商周时代中原地区的产业发展作出了巨大的贡献、对黄河流域中原文化的历史进程产生了深远影响。

秦朝统一六国，有力推动了该产业的崛起，丝织品种主要有锦、绮、罗、纱、素、绞等（祁广军，2013）。唐朝桑蚕产量和质量达到一个历史性高度。唐朝前期，丝绸生产整体上还是南轻北重。由于安史之乱之后，连年战争，人口大量迁移至南方，桑蚕产业在我国开始了第二次迁移，将先进的桑蚕生产技术带到了南方，南方逐步成为桑蚕产业重心，为开拓海上“丝绸之路”奠定了基础。从南宋开始，实现了我国历史上的“北桑南移”，成为中国桑蚕产业主产区中心的第二次区域性转移。唐朝后期，向朝廷提供的中高档贡品的产地，主要集中于江苏的扬州、常州、苏州和浙江的杭州和越州等地。尤其是长江流域的丝织业得到了较大的发展，丝绸生产的重心也就从北方全面转到了江南地区。从南宋起，中原地区的丝织业开始衰落，到了宋代，官方所设的织锦院分别为杭州、苏州等地，至元朝改为杭州和南京，全国桑蚕产业的重心转移到了江南地区。

政府编制的《农桑辑要》作为农业科技书籍，在元世祖时期被大力推广。到了明代，丝绸商品化趋势日趋明显，对外贸易非常发达。清朝统治者在入关并定鼎中原之后，也积极鼓励各地发展桑蚕产业（祁广军，2013）。

近代我国桑蚕产业发展相对曲折。据《中国丝绸史》数据，1868—1912年，我国丝绸产品出口增长率达245%，但占同期全国商品出口总额的比例却由41. 6%下降至26. 3%，在苛捐杂税和洋绸倾销的双重打击下，我国桑蚕产业发展陷入困境（祁广军，2013）。

中华民国组建后的20世纪30年代伊始，我国桑园种植近800万亩，蚕茧产量破纪录达22万吨。中华人民共和国成立之年，我国桑园种植面积仅剩20世纪30年代伊始的30%，蚕茧产量比20世纪30年代少19万吨。丝绸出口额占全国商品出口总额比例也从30年前的24%下减至不到2%。1908年以前，世界最大的蚕丝生产国是中国，1909年，日本超越中国成为第二大生产和贸易国，日本在侵华时期破坏了我国蚕丝产业发展并实施大肆掠夺。

二、新中国成立以来我国桑蚕产业的复兴及主产区迁移

1949年以来，我国桑蚕产业发展大致经历了七个时期，即恢复期、下降期、稳定增长期、徘徊期、高速发展期、调整发展期和稳定发展期。新中国成立后60多年来，受多种因素综合影响，桑蚕产业发展总体趋势是向前的，在相当长一段时期内成为我国的外汇收入的支柱产业。

新中国成立后，桑蚕产业得到了快速发展。我国蚕茧产量在新中国成立初期仅3.09万吨，到1970年生产蚕茧12.15万吨，成为世界第一大桑蚕生产国。

我国在改革开放后，桑蚕产业逐步由发达区域向欠发达区域转移，江苏省由苏南转向苏北，浙江也是杭嘉地区向浙南山转移。（金菊华，2008）此外，最突出的转移现象还体现在“东桑西移”上。改革开放40年来，我国桑蚕产业的发展虽然经历了一些波折，但总体上保持着平稳较快的发展速度。根据统计资料（图3-6），这40年我国桑蚕产业的发展大体可以划分为三个阶段：

第一阶段，大起大落期（1980—1997年）。这一阶段内，桑园种植面积从1980年的581.1万亩猛增至1992—1994年的超过1 800万亩，上涨3倍有余，同时期内蚕茧产量相应由15.0万吨上涨至超过60万吨，增幅超过300%。然而，1994年之后的短短三年时间，桑园种植面积就从1 800万亩以上下降至1 000万亩以下，蚕茧产量也随之大幅下滑。此阶段蚕桑种植业大起大落的原因，一方面是遭遇到了全球金融危机和亚洲经济危机的影响，另一方面化纤业的快速发展也打击了传统的桑蚕产业。此外，桑蚕种养

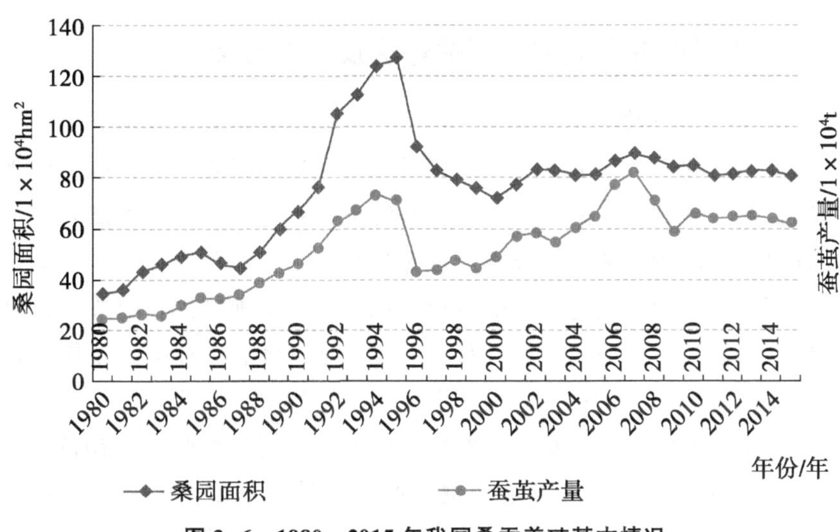

图 3-6 1980—2015 年我国桑蚕养殖基本情况

Fig. 3-6 Basic situation of silkworm breeding in China from 1980 to 2015

数据来源：历年中国统计年鉴①

业本身无节制的盲目扩张也会造成产业内的恶性竞争直至崩盘。

第二阶段，稳定发展期（1998—2008 年）。这一阶段内，桑园种植面积和蚕茧产量稳定发展，桑园的种植面积没有回升到 1992—1994 年高峰时期的水平，但蚕茧产量却节节攀升，远远超过了 1992—1994 年的水平，2007 年蚕茧产量达到 89.5 万吨，之后有所回落，2015 年降至 62.8 万吨。这一阶段桑蚕产业发展的一个显著特点就是，桑园的单产水平显著提高，种桑养蚕业体现着较高水平的技术进步，蚕茧亩产从 1997 年的 42 千克提高到了 2015 年的 52 千克。

第三阶段，调整适应期（2008 年后）。我国蚕丝蚕茧需求和产量因受到全球经济危机影响而下降。中国蚕茧产量持续下降，降幅最高达到 20%。2010 年以来，桑蚕产业随着经济的复苏也逐年增加，蚕茧和桑蚕丝产量逐步增长。

① 中国统计年鉴与 FAO 统计数据有所差异，但总体变化趋势一致。

三、我国桑蚕产业主产区的迁移及演变特征

根据传统的行政区划，将我国划分为东北、华北、华东、华中、华南、西南、西北七大区域，这样的区域划分虽然是行政上的，但也体现着区位间自然、地理、气候、交通等经济特征的差异，在研究桑蚕产业的区域变迁时是适用的。从我国桑蚕产业布局来看，主要分布在华东、华南和西南地区，占全国蚕茧总产量的八成半以上；华南地区占全国总产的40%左右取代华东地区成为主中心；华东和西南地区随着产业空间布局的进一步调整，传统优势地位将不断被削弱；东北、华中、西北桑蚕产业总体上保持了平稳向上的发展态势，存在较高的上升空间（张晴等，2013）。

1990 年后，在省域内发生桑蚕生产区域转移的结构调整，主要由广东东莞、江苏苏州等发达区域向粤西山区、南通盐城等欠发达区域转移。2000 年后，省域调整逐渐对全国生产格局产生影响，并形成“东桑西移”态势。由此，西部蚕桑产业规模扩大，发展迅速，跃居中国前三。

从蚕桑五大主产省的产量变化情况如图 3-7 所示，可以明显发现，传统的华东、西南主产省的产量优势地位在削弱，华南地区在增强。华东地区的江苏、浙江和西南地区的四川这三个省份，蚕茧产量保持着相似的趋

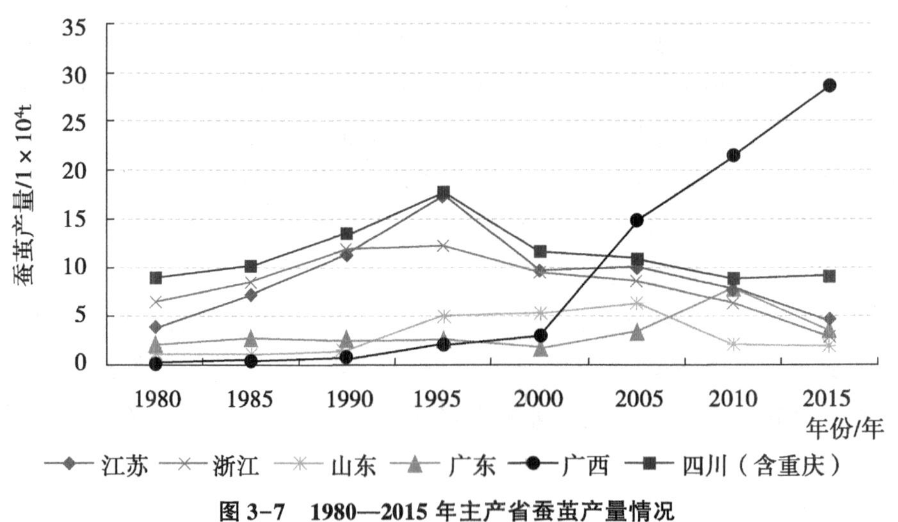

图 3-7　1980—2015 年主产省蚕茧产量情况

Fig. 3-7　Production of cocoon production in major provinces from 1980 to 2015

数据来源：历年中国统计年鉴

势，都经历了先增后减，在 1995 年前后达到产量高峰，随后出现下降，不同的是江苏、浙江下降趋势一直在持续，而四川在大幅下降之后呈现出平稳略增的趋势。华南地区的广东、广西蚕茧产量在 2000 年以前较华东、西南不占优势，然而在华东、西南桑蚕产业经历波折之后，广东、广西桑蚕产业迅速崛起，蚕茧产量不断增加，尤其是广西，2000 年之后广西蚕茧产量年均增幅 24.5%（表 3-1）。

表 3-1 1980—2015 年各省（区、市）蚕茧产量排名及其份额

Tab. 3-1 Cocoonproduction rank and share of each province (District, City) from 1980 to 2015

年份（年）	产量排名及份额（%）										合计
	1	2	3	4	5	6	7	8	9	10	
2015	广西	四川	云南	江苏	广东	浙江	山东	安徽	湖北	重庆	—
	45.7	12.1	7.6	7.4	5.7	4.6	3.0	2.7	2.5	2.4	93.9
2010	广西	广东	江苏	四川	浙江	云南	安徽	山东	陕西	重庆	—
	32.4	12.0	11.8	10.7	9.7	6.0	3.8	3.3	2.7	2.7	95.0
2005	广西	江苏	浙江	四川	山东	广东	重庆	安徽	陕西	云南	—
	22.9	15.4	13.2	11.9	9.8	5.3	4.8	4.5	3.1	2.8	93.7
2000	江苏	浙江	四川	山东	广西	重庆	安徽	广东	陕西	湖北	—
	19.5	19.4	17.8	10.9	6.0	5.8	5.0	3.6	3.1	2.5	93.6
1995	四川	江苏	浙江	山东	安徽	广东	湖北	广西	陕西	河南	—
	24.9	24.8	17.3	7.1	6.0	3.5	3.2	3.0	2.5	2.5	94.8
1990	四川	浙江	江苏	广东	安徽	山东	陕西	广西	湖北	山西	—
	29.1	25.5	24.5	5.5	4.0	3.0	2.0	1.6	1.5	0.7	97.4
1985	四川	浙江	江苏	广东	山东	安徽	陕西	广西	湖北	山西	—
	30.9	25.7	21.9	8.2	3.3	2.7	1.5	1.4	1.4	0.8	97.9
1980	四川	浙江	江苏	广东	山东	湖北	安徽	陕西	湖南	山西	—
	36.3	26.4	13.3	8.8	4.3	2.3	1.8	1.2	0.9	0.8	98.2

注：1980 年数据按照蚕丝产量计算

数据来源：历年中国统计年鉴

第四节 本章小结

通过本章研究，得到以下结论：

1. 在世界桑蚕产业格局中中国地位举足轻重

中国是世界桑蚕产业的发源地，在漫长的历史发展历程里，除了18世纪、19世纪不长的时间段内，均为世界桑蚕产业的主导国。特别是新中国成立后，大力发展蚕丝生产，致力于桑蚕产业的恢复和振兴，桑蚕产业呈明显上升趋势。1979年后，我国蚕桑产量超越日本，从此我国成为世界最大蚕桑生产国，桑蚕产业在世界桑蚕产业中主导地位。21世纪以来，我国蚕茧产量一直处于世界第一的位置，蚕茧产量占世界总蚕茧产量的65%以上，中国桑蚕产业的变化影响着全球桑蚕产业的发展。

2. 伴随经济快速发展，往往出现衰退趋势

桑蚕产业是传统的劳动密集型产业，占用耕地、劳动力，且单位时间内劳动强度较大，经济快速发展地区，劳动力往往流向技术、资本聚集的产业，例如装备制造、IT等，导致桑蚕产业的衰退。意大利、法国、日本、韩国等国桑蚕产业的发展历程一再证明这个规律。

3. 我国桑蚕产业空间格局在持续演变中

从历史角度看，以黄河流域为中心是唐代以前的格局，宋朝开始黄河流域、四川地区、江南区域演变为新中心，明朝清朝后，江南成为我国桑蚕生产的重要地区。受历史文化影响，长江流域尤其是江南地区的桑蚕产业发展至今在国内外处于领先地位。

4. 从我国桑蚕产业的发展历史看

在传统农业社会里，桑蚕产业劳动附加值高，其主产区往往意味着经济发展、人民富裕；而在现代工业社会里，桑蚕产业在与新兴工业、服务业的竞争中不占优势，只能从经济发达地区退出，转向欠发达地区。目前，随着“东桑西移”工程的推进，东部地区浙江、江苏、广东、山东等各省的蚕茧产量、桑园面积、发种量及其占全国的比例呈现下降趋势，浙江省和江苏省的下降幅度较大；而西部蚕区广西、云南、陕西等省（区）蚕茧产量、桑园面积、发种量及其占全国的比例继续上升，广西更是成为全国最大的蚕桑主产地，而四川省、重庆市则面临蚕业萎缩问题。

第四章　中国桑蚕产业空间格局演变特征分析

进入21世纪以来，桑蚕产业进入以“东桑西移”为特征的生产格局加速调整期。从统计数据等反映的情况看，浙江、江苏等主产区种桑养蚕继续退缩，广西、云南等新兴产区产业优势继续扩张。中国桑蚕产业空间格局变化的根本规律、特征如何，其驱动因素到底在于哪些方面，是本章试图解决的问题。本章将采用标准差椭圆、标准距离、空间自相关等方法模型，对2003—2015年中国桑蚕空间格局的变化特征及其驱动因素进行系统剖析。

第一节　研究方法和数据来源

一、研究方法

1. 行业集中度分析法

行业集中度常用的指标有行业集中率（CR_n指数）、赫芬达尔指数（HHI）、洛伦兹曲线、基尼系数、熵指数等，其中集中率和赫芬达尔指数两个指标常被运用在反垄断经济分析中。本论文中应用行业集中率、赫芬达尔指数，来分析我国桑蚕产业生产集中度和专业化程度分析。

（1）行业集中度（CR_n）分析法　行业集中度（Concentration Ratio，CR_n）是指某行业相关市场内前 N 家最大企业的市场份额（产量、产值、销售量、销售额、职业工人数、资产总额等）的综合，是对整个行业市场结构集中程度的测量指标（周育仙，2014）。

$$CR_n = \sum_{i=1}^{n} S_i \tag{4-1}$$

式中，S_i是第 i 个企业所占市场份额，即这个行业中的企业总数。

CR_n指数用于表征行业集中度。S_i 是第 i 个企业所占市场份额，是这个行业中企业总数。

（2）赫芬达尔—赫希曼指数（HHI）分析法　赫芬达尔—赫希曼指数（HHI）是一个较好的计量市场份额变化情况的指标，指标测算一个行业中某公司所占行业总收入或总资产百分比的平方和。同样以省、区、市的概念对公司进行替代，该指数的计算公式如下：

$$HHI_t = \sum_{i=1}^{n}\left(\frac{M_{it}}{M_t}\right)^2 \tag{4-2}$$

式中，n 为地区数量，M_{it}表示第 t 年 i 省（区、市）的蚕茧产量，M_t 表示第 t 年全国蚕茧总产量。指数的取值范围在 0 到 1 之间，数值越大表明产业的集中度越高。

（3）区位商（LQ 系数）分析法　区位商（LQ 系数）通常用来判断一个产业是否构成区域专业化部门。对于本文区位商指的是一个地区桑蚕产值在该地区农业总产值中所占的比重与全国桑蚕总产值在全国农业总产值中所占比重之间的比值。区位商越大，表明该省（区、市）的桑蚕产业区域专业化水平越高，比较优势越显著。区位商计算公式如下：

$$LQ_{it} = \frac{L_{it}/Q_{it}}{\sum_{i=1}^{n} L_{it}/\sum_{i=1}^{n} Q_{it}} \tag{4-3}$$

式中，LQ_{it}表示第 t 年 i 省（区、市）的桑蚕产业区位商，N 为省（区、市）数量，L_{it}指第 t 年 i 省（区、市）的蚕茧产值，Q_{it}指第 t 年 i 省（区、市）的农业总产值（周育仙，2014）。本研究将选用该指数对各桑蚕产业区域的专业化程度进行分析。

2. 产业生产重心变化分析

（1）标准差椭圆模型　标准差椭圆分析是确定样本分布中心及样本扩散程度和方向的方法，因此，可用于识别中国桑蚕的分布情况和迁移方向。椭圆的长轴和短轴分别代表桑蚕空间布局的主、次趋势布局方向，旋转角度代表要素布局的主导方向，质心的变化代表桑蚕种植重心位置变化。该模型的运算如公式（4-4）所示。

$$SDE_m = \sqrt{\frac{\sum_{i=1}^{k}(m_i - \overline{M})^2}{k}}$$

$$SDE_n = \sqrt{\frac{\sum_{i=1}^{k}(n_i - \overline{N})^2}{k}}$$

$$\tan\theta = \frac{\frac{1}{2}\left[\left(\sum_{i=1}^{k}\overline{m}_i^2 - \sum_{i=1}^{k}\overline{n}_i^2\right) + \sqrt{\left(\sum_{i=1}^{kk}\overline{m}_i^2 - \sum_{i=1}^{k}\overline{n}_i^2\right)^2 + 4\left(\sum_{i=1}^{k}\overline{m}_i\overline{n}_i\right)^2}\right]}{\sum_{i=1}^{k}\overline{m}_i\overline{n}_i}$$

（4–4）

式中，$\overline{M}$ 、$\overline{N}$ ：所有要素 i 的 m 坐标值和 n 坐标值的平均值；$\tan\theta$ ：质心椭圆偏转角度；k：要素总量；SDE_m、SDE_n：椭圆 m、n 轴长度；m_i、n_i：要素 i 的坐标与椭圆质心做表（ $\overline{M}$ ，$\overline{N}$ ）的偏离值。

（2）标准距离分析法　标准距离是统计学中“标准差”的二维体现。为研究中国桑蚕在空间上分布的重心和平均范围，可采用标准距离分析法。标准距离的重心与动态轨迹能够较好地拟合桑蚕种植覆盖范围的时空变化过程。标准距离模型如公式（4–5）所示。

$$SD_w = \sqrt{\frac{\sum_{i=1}^{n}w_i(p_i - \overline{P}_w)^2}{\sum_{i=1}^{n}w_i} + \frac{\sum_{i=1}^{n}w_i(q_i - \overline{Q}_w)^2}{\sum_{i=1}^{n}w_i}} \qquad (4\text{–}5)$$

式中，SD_w：Standard Distance，标准距离；p_i、q_i：要素 i 的横纵坐标；w_i：要素 i 的权重；｛ $\overline{P}_w$ ，$\overline{Q}_w$ ｝：加权重心的坐标；N：全部要素的数量。

3. 空间聚集度分析

ESDA 空间分析方法。ESDA 即 Exploratory SpatialData Analysis，探索性空间数据分析。该方法主要用于在描述研究对象的空间分布，探索研究对象之间的空间关系，提出不同空间形式中的不确定性。其具体分析方法主要包括全局空间自相关（Global Spatial Autocorrelation）分析和局部空间自相关（Local Indicators of Spatial Association，*LISA*）分析两种。

（1）全局自相关　结合研究对象与研究目的，引入 Global Moran’s I 指数，考察中国桑蚕种植的空间关联性和差异性，该指数的计算公式如（4–6）所示。

$$I = \frac{\sum_{i=1}^{n}\sum_{j=1}^{n}[W_{ij}(x_i - \bar{x})(x_j - \bar{x})]}{S^2\sum_{i=1}^{n}\sum_{j=1}^{n}W_{ij}} \tag{4-6}$$

式中，n：研究对象的总数；x_i、x_j：i 地区和 j 地区的桑蚕播种面积；x：代表所有地区桑蚕播种面积的平均值；W_{ij}代表空间权重值，若两地区相邻则为 1，否则为 0；S^2：样本方差。

得到上述指数后，进一步代入如下公式（4-7），利用 Z 得分法进行显著性检验：

$$Z = \frac{I - E(I)}{\sqrt{VAR(I)}} \tag{4-7}$$

Moran’s I 统计量的取值范围是（-1，1），当 I 显著小于 0 时表明地区间桑蚕播种面积存在空间有差异；I 显著大于 0 时表明桑蚕播种面积存在空间趋于聚集；I = 0 则表明地区之间的分布呈现 i. i. d. 。

（2）局部自相关 *LISA* 统计指标计算公式如（4-8）所示：

$$I_i = \frac{(x_i - \bar{x})}{S_i^2}\sum_{j=1}^{n}[w_{ij}(x_j - \bar{x})] \tag{4-8}$$

式中，S_i为对应于 x_i和 x_j的标准差；为标准化变量。在一定的显著水平下，若 I_i显著为正且 Z_i大于 0，则表明属于高高集聚；若 I_i显著为正且 Z_i小于 0，表明属低低集聚；若 I_i显著为负且 Z_i大于 0，则属高低集聚；若 I_i显著为负且 Z_i 小于 0，则表明属低高集聚（朱文洁等，2016；祝明明等；2017；马晓熠等，2010）。

二、数据来源

本章所用各省（区、市）的蚕茧数据产量等数据，来源于历年《中国丝绸年鉴》和历年《中国农业统计年鉴》，由于部分省份数据不齐，也采用了部分省份农业统计年鉴数据作为补充。

第二节　我国桑蚕产业生产集中度分析

一、我国桑蚕生产 CR_n 指数分析

本文以各省（区、市）来代替测算中企业的概念，采用蚕茧生产总

量最大的前 N 个省（区、市）占全国蚕茧总产量的比例来衡量桑蚕产业集中度。CR_n1 为蚕茧产量最大的省份占全国蚕茧总产量比例，CR_n3 为蚕茧产量排名前 3 的省份占全国蚕茧总产量比例，CR_n5 为蚕茧产量排名前 5 的省份占全国蚕茧总产量比例，CR_n10 为蚕茧产量排名前 10 的省份占全国蚕茧总产量比例。

计算结果见图 4-1，2003—2015 年，我国桑蚕产业的 CR_n 指数四条曲线中，CR_n1 曲线在波动中不断上升，CR_n3 和 CR_n5 曲线在波动中缓慢上升，CR_n10 呈“缓慢的下降到上升”过程。同时可以从图中观察到，我国蚕茧总产量的 90%以上主要来自前 10 大产茧大省，集中度较高，2015 年这 10 个省份分别是广西、四川、云南、江苏、广东、浙江、山东、安徽、湖北、重庆。近 10 来年，广西一直是我国排名第一的蚕茧生产大省，而且在全国蚕茧产量的份额不断上涨，到 2015 年产量占比已经超过 45%。

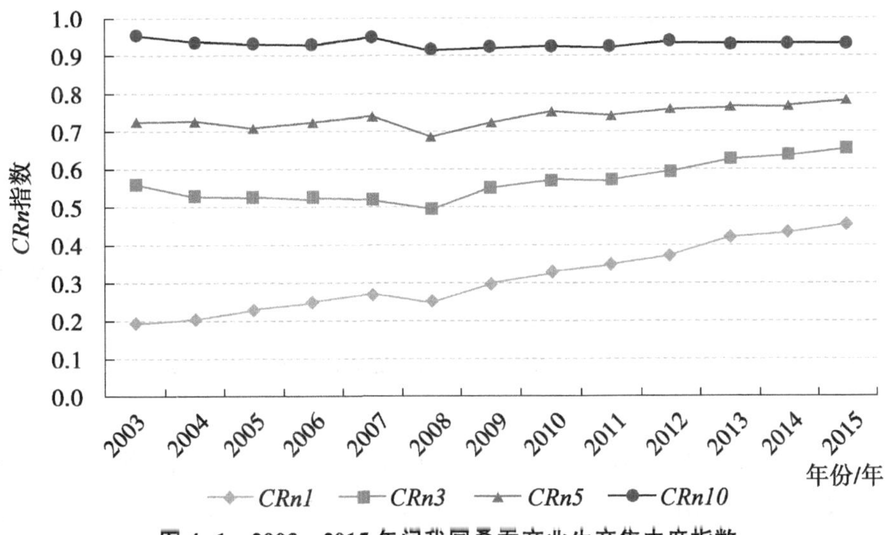

图 4-1　2003—2015 年间我国桑蚕产业生产集中度指数

Fig. 4-1　Production concentration index of Chinese silkworm industry from 2003 to 2015

统计数据也表明，我国桑蚕产业集中度不断提高的趋势。以 2016 年为例，全国有 8 个省份桑园面积超过 50 万亩，依次是广西、四川、云南、重庆、陕西、浙江、江苏和安徽，总面积占全国比重为 82.4%，较上年提高 1 个百分点。

二、我国桑蚕生产 *HHI* 指数分析

本研究将选用赫芬达尔指数（*HHI*）分析我国桑蚕产业生产集中度，结果见图 4-2，2003—2015 年我国桑蚕产业的 *HHI* 变化趋势呈平稳中下降而后逐渐上升。从计算结果上看，*HHI* 指数在 0. 124 和 0. 243 之间，即该产业集中度水平较低。进一步看可分两段进行分析：

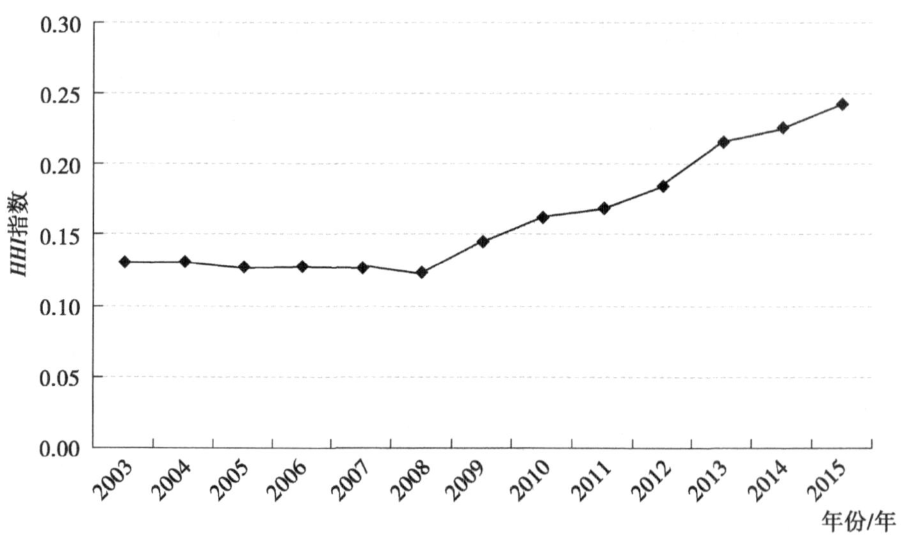

图 4-2　我国桑蚕产业的 *HHI* 指数变化趋势

Fig. 4-2　Trend of *HHI* index in chinese silkworm industry

2003—2007 年，*HHI* 缓慢下降，由 2003 年的 0. 131 下降到 2008 年的 0. 124；2008—2012 年，*HHI* 从 0. 124 上升到 2015 年的 0. 243。其含义为，在 2003—2008 年间，东部地区为蚕茧生产的主产区，且具有较高的产业集中度；2008 年以后，西部地区的桑蚕产业发展逐步加快，同时带动了产业向西部地区的聚集，并于 2015 年达到了历史较高水平。因此在 2003—2015 年间，我国蚕茧产业集中度表现出先下降后上升的趋势。

三、我国桑蚕生产 *LQ* 系数分析

研究计算历年全国18个省（区、市）的 *LQ* 值，并以5年为一个时间刻度，选取自1990年至2015年的6个时点的数据。通过分析 *LQ* 值，如表4-1所示，可以分析得出以下结论：在表中列举的区域中，在六个时点的区位商系数值均大于1的省份有3个，分别为江苏省、浙江省以及四川省；在个别年份区位商系数超过1的省份有5个，分别是广西壮族自治区、重庆市、云南省、陕西省和安徽省；其他地区的区位商系数则一直低于1。可以看到，长久以来在江苏、浙江、四川3省，桑蚕产业始终存在集聚现象，其中，四川的集聚程度最高。

表4-1　全国18个省（区、市）的桑蚕产业 *LQ* 系数

Tab. 4-1　*LQ* Coefficients of the silkworm industry in 18 provinces (Regions, Cities) of the country

省份	1990年	1995年	2000年	2005年	2010年	2015年
江苏	2.67	2.00	2.40	2.21	1.77	1.09
浙江	4.59	3.23	3.99	2.92	2.32	1.38
山东	0.26	0.63	0.64	0.54	0.33	0.36
广东	0.54	0.39	0.41	0.59	0.79	0.83
广西	0.34	0.64	1.50	4.55	6.64	9.34
四川	3.13	2.25	1.64	1.23	1.24	1.68
重庆	—	—	1.68	1.34	0.81	1.02
云南	0.13	0.44	0.46	0.58	1.79	2.15
陕西	0.65	1.05	1.26	1.16	0.91	0.63
安徽	0.62	1.02	0.91	0.96	0.64	0.57
河南	0.03	0.25	0.09	0.14	0.10	0.17
江西	0.13	0.41	0.35	0.58	0.30	0.41
湖北	0.22	0.43	0.48	0.25	0.17	0.38
湖南	0.07	0.10	0.02	0.07	0.04	0.08
山西	0.34	0.43	0.59	0.29	0.49	0.58

（续表）

省份	1990 年	1995 年	2000 年	2005 年	2010 年	2015 年
甘肃	—	—	0.05	0.04	0.02	0.03
新疆	—	0.28	0.18	0.03	0.02	—
贵州	0.05	0.12	0.17	0.18	0.11	0.11

从各地区自身系数变化情况来看，大致分为三种，即持续增长型、持续下降型以及不断波动型。广西壮族自治区在保持持续增长的同时也达到了增幅最大，其 *LQ* 系数在 25 年间增长了 27 倍多。传统蚕桑产业大省浙江省的 *LQ* 系数则在 25 年间不断降低，*LQ* 系数下降了 3 倍有余。两省的经济发展水平、工业化水平以及政策支持方面都有很大的不同，因此，桑蚕产业得以在广西突飞猛进，而在浙江的优势地位则不再显著。

第三节　中国桑蚕产业空间格局演变重心变化分析

采取标准差椭圆和标准距离方法，对中国桑园播种面积数据进行处理，并利用 ArcGIS 工具，分析 2003—2015 年的中国桑园播种面积重心变化轨迹。从总体变化趋势来看（图 4-3），2003—2015 年我国桑蚕种植重心呈向西和向南持续移动态势。2003—2015 年全国桑园面积重心从 111.09°E 和 30.34N°移至 109.37°E 和 28.89°N，分别向西偏移 1.72°，向南偏移 1.45°。

为以研究桑园种植的标准距离值、覆盖范围及传播方向，本文选取 2003 和 2015 年两个时间节点做标准距离（图 4-4）和标准差椭圆（图4-5）分析。从图 4-4、图 4-5 和表 4-2 可知，标准距离值从 2003 年的 769.15 千米缩短至 2015 年的 761.33 千米，由此可见标准距离范围经历了“向西南”移动的过程。这表明，2003—2015 年中国桑蚕的分布呈向内收缩形势，分布的广度不断收缩。同时，通过计算 4 个年份的标准距离，圈层逐步在向西南移动，综合反映了 2003—2015 年我国桑园种植范围呈现出向西南紧缩的趋势。

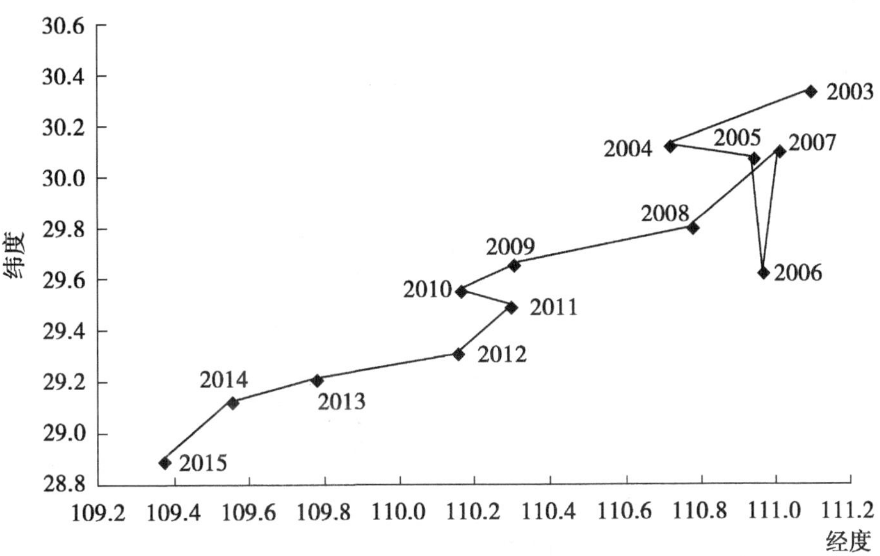

图 4-3 中国桑园播种面积重心变化轨迹

Fig. 4-3 Center of gravity of chinese silkworm sown area

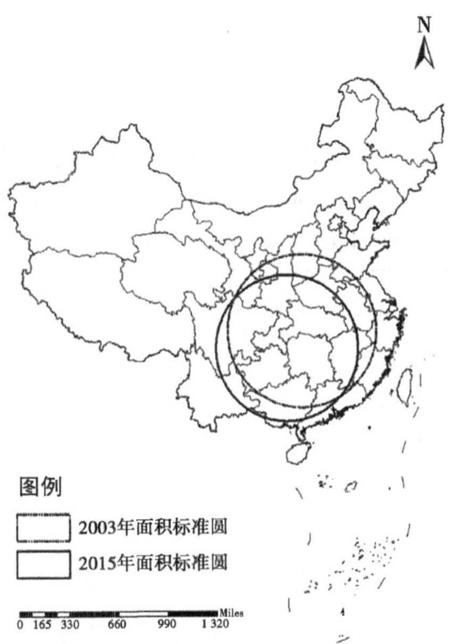

图 4-4 中国桑园播种面积标准距离

Fig. 4-4 Standard distance of chinese silkworm sown area

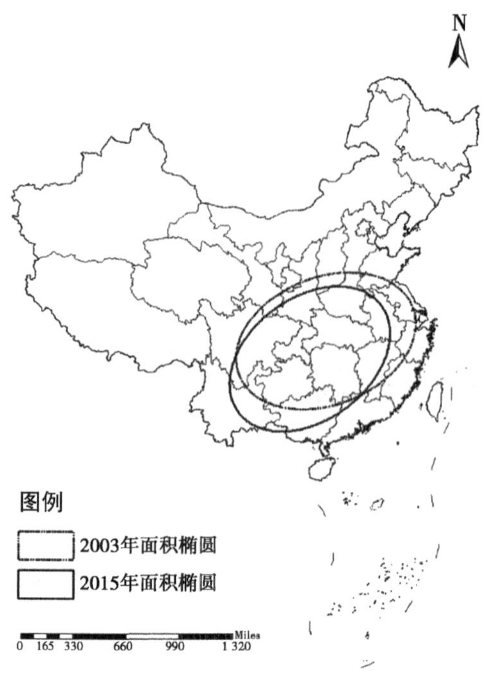

图 4-5　中国桑园播种面积标准差椭圆

Fig. 4-5　Standard deviation ellipse of chinese silkworm sown area

表 4-2　我国桑园播种面积标准距离和标准椭圆参数值（单位：千米）

Tab. 4-2　Standard distance and standard ellipse parameter values for chinese silkworm sows acreage (Unit：km)

年份	标准距离	短轴	长轴	旋转角（°）
2003	796. 15	633. 82	930. 58	68. 72
2015	761. 33	608. 43	888. 29	53. 26

根据表 4-2 所示的标准差椭圆及其参数值变化情况，2003—2015 年桑蚕种植的标准差椭圆的长轴呈现西南—东北走向，短轴则呈现东南—西北走向，表明中国桑蚕主要分布趋向为西南—东北轴，或者说，桑蚕布局在西南—东北走向比东南—西北走向分布更为集中。

2003—2015 年，我国桑园面积标准差椭圆的长轴和扁率均呈现逐步收缩的趋势，短轴则有所增加，椭圆旋转角向西南方向偏转 0. 74°。从中国桑蚕播种面积的扁率变化趋势来看，桑蚕播种面积分布的方向性减弱—

增强—减弱的趋势，播种集中度提高。2003—2015 年中国桑园播种面积空间分布椭圆的长轴呈现减少的趋势。显然，2003—2015 年间中国桑蚕种植范围分布越来越广。

同时，近年来，结果显示中国桑园种植有整体向西南方向扩展的趋势，这也与标准差椭圆的重心和标准距离偏移方向一致。相较于 2003 年，2015 年的椭圆覆盖面的变化突出体现在：西南部覆盖面扩大、东北部覆盖面收缩。因而可判定，桑园种植在西南方向表现出最明显的增长趋势，而在东北方向则表现出最显著的减弱趋势。这与前人研究结果趋于一致（杨亚东，2017）。

总之，近 10 年来，桑园播种面积重心呈现出向西南移动的趋势。桑园种植呈现出由东向西和由北向南移动的趋势，主要表现为江苏、浙江、四川等传统桑蚕种植区播种面积下降，且占全国比重不断下降；广西、云南的比例不断上升，中国桑园呈现向西南方向集中的趋势。

借助标准差椭圆和标准距离等空间计量模型的定量分析表明，中国桑蚕产业空间格局演变具有明显的特点：呈自东向西、自北向南演进，日益在西南地区集聚，而且集中度呈现波动中不断提升的特点。

这与前一章的分析及统计数据反映的规律完全一致：江苏、浙江、四川等传统桑蚕种植区播种面积下降，且占全国比重不断下降；广西、云南等新兴种植区的播种面积增加，且占全国比重持续攀升。

第四节　中国桑蚕产业空间聚集度分析

借助 GeoDa 工具对中国桑园播种面积数据进行全局自相关分析，得到 2003—2015 年的中国桑园播种面积的 Moran's I 指数、Z 得分以及 P 值。

为了进一步研究中国桑蚕的空间格局及其集聚程度变化，采用全局自相关指标分别对 2003—2015 年中国各省桑园的播种面积数据进行分析（表 4-3）。

根据表 4-3 显示，除了 2003 年外，2004—2015 年均未通过 1%的显著性检验，呈现地理集聚年份的 Moran's I 都是正数。这说明，中国邻近省区的桑园播种面积之间的相互影响关系在统计上显著，我国桑园种植在省域层级呈现显著的空间正向自相关性（肖卫东，2014）。

表 4-3 2003—2015 年桑园播种面积的 Moran' s I 指数、Z 得分

Tab. 4-3 Moran' s I Index and Z score of silkworm acreage for 2003-2015

年份	Moran' s I	Z 得分	年份	Moran' s I	Z 得分
2003	0. 093	1. 496	2010	0. 169	2. 432
2004	0. 114	1. 750	2011	0. 161	2. 371
2005	0. 103	1. 620	2012	0. 155	2. 344
2006	0. 135	1. 952	2013	0. 173	2. 619
2007	0. 143	2. 055	2014	0. 175	2. 678
2008	0. 177	2. 477	2015	0. 168	2. 674
2009	0. 182	2. 549			

将显示桑园地理集聚的年份做折线图（图 4-6），可以看出，2003—2015 年，我国桑园地理集聚现象总体呈现上升的趋势，Moran' s I 由 0. 093 上升到 0. 168；但也具有明显的阶段性特征，2003—2009 年是我国桑园地理集聚现象快速增强的过程，Moran' s I 从不足 0. 10 上升到 0. 18；2009 年之后我国桑园地理集聚现象呈现波动减弱的趋势，Moran' s I 到 2015 年降低到 0. 168，最低的 2012 年降到了 0. 155。从 Moran' s I 的变化趋势来看，短期内表征我国桑园地理集聚程度的 Moran' s I 将在 0. 16～0. 18 之间窄幅波动。

与此同时，中国桑蚕种植还呈现出向西南方向聚集发展的态势。目前，桑蚕产业种植重心在东经 109. 37°～111. 96°和北纬 28. 89°～30. 34°范围内移动，南北移动范围较大。统计数据也显示出这个结论，按《2016 年中国茧丝绸行业发展报告》的统计，东中部桑园面积同比减少，西部增加。其中，东、中、西部地区桑园面积分别为 269. 62 万亩、98. 37 万亩和 821. 52 万亩，占比分别为 22. 7%、8. 3%和 69. 1%；东部、中部地区占比较上年分别减少 1%和 0. 7%，西部地区占比上升 1. 7%；广西、四川、云南、江苏、广东和浙江 6 个省份蚕茧产量均超过 2 万吨，总产量占全国比重为 84%，较上年提高 1 个百分点；分区域看，蚕茧产量占比延续东中部减少、西部增加的走势，东部、中部地区蚕茧产量占比较上年分别减少 2. 1%和 0. 7%，西部地区占比上升 2. 8%。

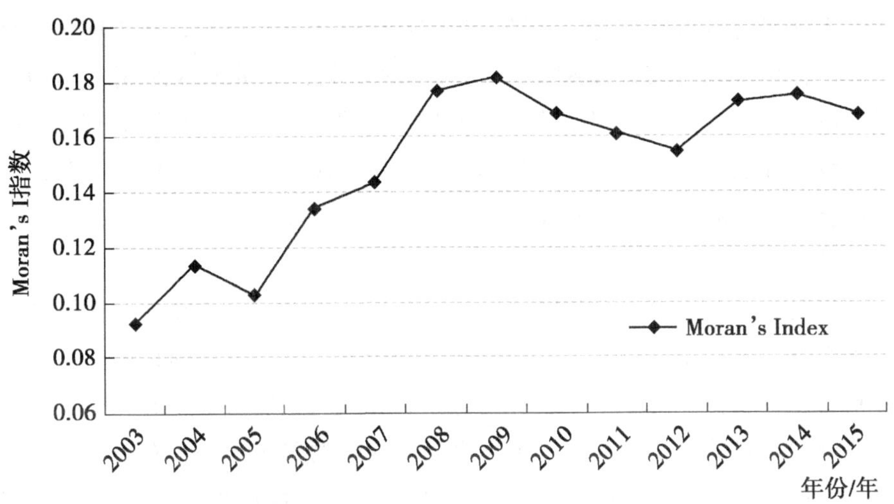

图 4-6 2003—2015 年中国桑园播种面积的 Moran's I 变化趋势

Fig. 4-6 Moran's I trend of the silkworm area sown in China from 2003 to 2015

第五节 中国桑蚕产业空间格局变化的影响因素分析

资源条件、经济因素、技术进步、政策因素、生态环境、市场形势等六方面因素，对中国桑蚕产业空间布局变迁有深刻影响：一方面，必要的资源条件、人力不可抗的自然灾害、合适的市场条件、先进的技术进步和相关政策因素的变化均会引起种桑养蚕比较利益的变化；另一方面，这五大因素之间也存在着相互影响关系。

一、中国桑蚕产业空间格局演变的分析框架

从区域经济学的角度，可以将国民经济活动按照宏观、中观和微观层面，分为国家、地区和生产者三个层次。因此，分析桑蚕产业生产布局变迁问题时，也应该从这三个层面出发，分析各层面各主体的行为及各自利益之间的相互影响关系。

宏观层面上，中央政府的经济目标可总结为效率目标和社会公平目标。效率目标是指，要实现资源在空间的优化配置，以期在现有约束条件

下，实现经济效益最大化，并进一步实现全国经济高质量地稳步增长；社会公平目标是指，要逐步缩小地区间发展差距，推进地区间相对均衡发展，最终实现社会和谐程度的整体提升。为此，中央政府会采取有差别的产业政策和区域政策，引导、激励或者限制、规范各活动主体的行为，使其符合政策方向。例如，2000 年以来，国家层面大力推进的“东桑西移”行动等。

中观层面上，地方政府的经济发展目标是在国家政策和本地区资源约束条件下，采取积极措施，实现资源合理配置。地方政府的具体制度安排将基于比较利益原则，即根据农业与非农业之间、以及农业的种植业内部各细分领域之间的比较利益情况作出相应的制度安排，并对农户种植行为产生一定影响。例如，广西、甘肃等地，先后出台激励性政策，在技术培训和育种、售茧等方面给予支持，引导农户种桑养蚕，目的是提升当地经济发展水平、促进农民增收和实现扶贫攻坚目标等。这个层面的影响因素包括资源、市场、技术等。

微观层面上，生产者追求的目标是实现自身利益最大化。具体到农业生产上，农户将会通过比较各种竞争性作物之间、农业与非农业产业之间的收益情况来安排生产，实现收益的最大化。具体说，生产者的利益由产品的生产成本、单产和价格共同决定，而生产成本和单产进一步受到生产要素价格、自然条件以及技术进步等因素的影响。因此，当上述因素发生变化时，其比较利益就会发生变化，进一步影响生产者行为。值得说明的是，政策影响通常施加在生产要素和产品价格方面。例如，从苏南、浙北地区来看，农民打工机会多、收入高，有限的耕地资源用于生产蔬菜等经济作物，相对来说，劳动投入不多、收益更高，尽管种桑养蚕技术水平高，农民仍倾向于放弃种桑养蚕；对于广西、甘肃的农民而言，在桑蚕产业与种植甘蔗、从事马铃薯、玉米等大田作物的比较重，桑蚕产业具有产业链条长、附加值高、劳动回报率高的优势，自然倾向于选择种桑养蚕。

因此，我国蚕茧生产的空间格局变化受到资源、经济、市场、技术和政策等因素综合影响，从而影响农民个体行为带来影响各地蚕茧生产数量变化，进而引起蚕茧产业空间格局的演变。如图 4-7 所示，中国桑蚕产业空间格局的变动原因也主要在于受资源、经济、市场、技术、政策这五个方面因素的共同影响。

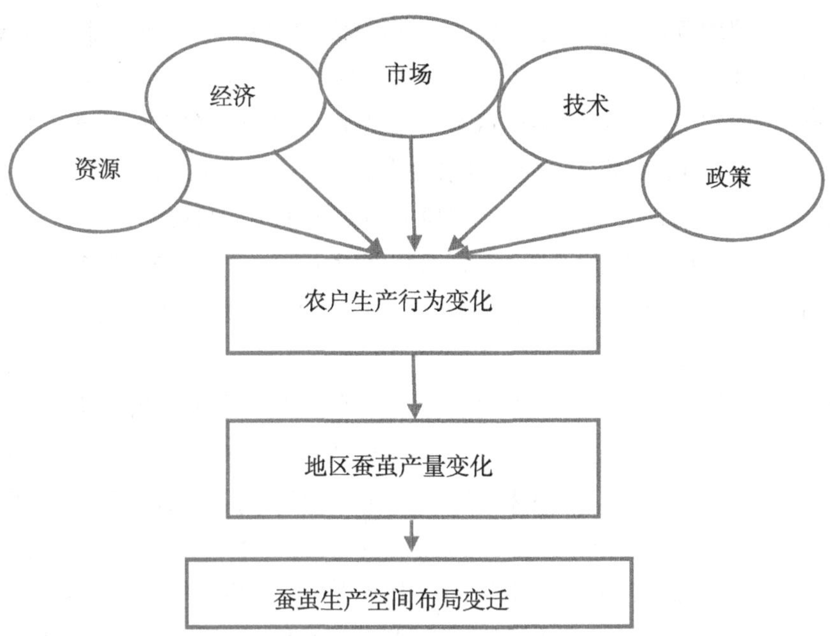

图 4-7　蚕茧生产空间格局演变影响因素

Fig. 4-7　Factors affecting the shifting of cocoon production spatial distribution

二、资源因素对桑蚕产业空间格局的影响

在资源导向型的传统增长模式中，自然禀赋状况在很大程度上决定了一国的经济发展水平，也是一个产业能否产生、发展并占有优势的决定因素。

农民面临的主要资源约束之一是耕地面积。在我国因耕地面积造成的约束主要体现在以下三个方面：第 ，扩大耕地面积受到限制，因此农民只能根据市场条件改变种植结构，由此调整其生产决策。第二，我国不同地区的人口密度不同，耕地分布也不同，造成人均占有的耕地水平存在着明显的差异。例如，北方人均耕地面积大于南方，西部地区的人均耕地面积大于东部。第三，中国农户口粮自给的习惯会对各类作物生产之间分配有限土地资源的决策行为。

蚕茧以桑叶为食，桑树是影响蚕茧生产的主要约束性资源。本研究中以桑园面积为表征变量，桑园面积与蚕茧产量存在正相关关系。我国地域广阔，地域地理环境差异很大，工业化城镇化发展导致大量农业土地转为了工业用地，桑园面积在减少，蚕茧生产规模也在缩减。由于气候条件和地理环境限制，也决定了不同区域一年养蚕的次数。在广东等南方地区，一年可以养蚕 10 多批次，而西北甘肃等地，一年只能是 2~3 次。蚕种的饲养量直接影响蚕茧生产规模。本研究引入蚕种饲养量因子，与蚕茧产量也是正相关。中西部地区土地、人力都相对丰富，虽然生态环境较差，不利于作物生长，但是桑树具有较好的适应能力，容易成林，投入产出快，还有较好的生态效应。

除了耕地因素，气候条件也是影响桑蚕产业发展的关键。近百年来，中国气候变化趋势与全球气候变化基本一致。自 1905 年以来，中国地表年平均气温明显增暖，增温速率约为 0. 08℃/10 年，比同期全球升温幅度平均值（0. 6±0. 2）℃略高。气候变暖致农作物种植界限的表现为向高纬度和高海拔移动的趋势。近年来，基于遥感和作物生长模型，针对主要作物种植界限变化进行了大量研究（赵锦等，2010）。同时，中国的熟制的变化也为这些地方发展种桑养蚕提供了有利条件。但是，在气候变暖的大背景下，中国桑蚕产业的核心区域向西、向北蔓延具备了基本条件。

三、经济因素对桑蚕产业空间格局的影响

不同农业产业的农民收入比较，会对种桑养蚕行为产生深刻影响。按照经典经济学，农民符合理性经济人的假设，其选择也是符合经济规律的考量。如果非农产业中生产要素的跨地区跨行业流动受到制度的限制，或非农产业的发展尚处于初级阶段，农民的就业领域就只能局限于农业，这时农民与土地紧密相依；但如果上述限制减弱，生产要素流动相对自由，则农民与土地的关系会相对松散。扣除迁移成本后的报酬率决定了农民最终的就业行业选择结果。

种桑养蚕与粮食、花生、水果、蔬菜等其他经济作物构成了互竞性关系，因此这些经济作物与种桑养蚕之间有一定的替代效应。1985 年后，随着我国的农产品流通体制改革，水果、蔬菜等经济作物的生产和流通市场化程度逐步加深。较高的经济效益激发了农民的种植积极性，使得这些作物的种植面积迅速增加。在长江三角洲和珠江三角洲，相当一部分桑园

是被这些经济作物甚至水稻等大田作物替代的。农民放弃种桑养蚕，改种劳动用工少、管理粗放的粮食等作物，或者从事更高收益的经济作物种植。与这些地区情况不同的是，广西、甘肃等西部地区，由于市场小、经济作物长距离运输受限等，种桑养蚕的经济效益不但明显好于粮食生产，而且明显好于其他主要经济作物，这是这些地区桑蚕产业快速发展的主要原因。

农民非农就业机会和收入水平，会对种桑养蚕行为产生深刻影响。如果仅从桑蚕产业的比较效益情况看，江苏省和浙江省的种桑养蚕经济效益在多数年份都相对较好，但桑田却不断萎缩。究其原因，是农民种桑养蚕的行为极大程度地受到非农产业就业收入情况的影响。1980 年年初，商品经济尚不发达，种桑养蚕的收入相对较为可观，千百万农民流着勤劳的汗水，靠种桑养蚕走上了脱贫致富之路。然而，经济的发展拓宽了农民的致富门路，一系列非农产业和乡镇企业吸纳了大批农村劳动力，而只将老人和妇女留在农村继续从事种植业。一方面，种桑养蚕的劳动强度大、用工量多、技术性较强，老人和妇女相对较低的生产率不能满足要求；另一方面，20 世纪 80 年代中期后，随着非农收入的迅速增加及其所占农民总收入比重不断提高，农民种桑养蚕的机会成本，广大农民，特别是经济较发达地区的农民就会倾向于不选择从事这一产业，例如嘉兴市、湖州市等浙江省内的传统养蚕大市，也出现了因城镇化水平提高、农民放弃种桑养蚕而带来的养蚕业后继乏力的问题，春蚕发放蚕种量呈逐年下降趋势，不少年份下降量同比超过 10%，现在很多村里只有老人在养蚕。

四、技术因素对桑蚕产业空间格局的影响

先进技术是提高劳动生产率的关键因素之一。技术进步会直接影响农产品的“投入—产出”关系，从而影响桑蚕产业的比较效益，进一步使桑蚕产业主产区及空间格局发生变化。

以养蚕技术为例，中国农户千年以来以手工操作为主的养蚕方式极大地制约了生产效率的提高。随着农村改革的不断深入，蚕农的生产积极性和创造力受到了激发，使得养蚕技术不断创新、长足发展，成为养蚕经济效益的关键驱动力。更具体地，从农户种桑养蚕来看，生产技术进步导致的经济效益提高主要体现在单产水平提高和经营规模扩大这两个方面。技

术进步的结果，使种桑养蚕的“投入—产出”发生变化：一方面，单位桑园产值水平迅速提高，农户桑园经营规模也可以相应增加，从而导致种桑养蚕相对于粮食、其他经济作物的单位产值明显提高；另一方面，由于种桑养蚕的效益较好，农民对种桑养蚕的投入增加，这种投入产出关系的变化提高了种桑养蚕的比较效益。

种桑养蚕涉及动植物两个大领域，技术含量相对较高。桑蚕技术人员不足，大部分是半路出家或者是土专家，缺乏专业训练，凭个人经验处理，更谈不上技术创新，而蚕丝加工更加缺乏专业技术任何和企业经营者，影响了桑蚕产业的长足进步。科技对生产具有很好的推进作用，在育种和病虫害防治可以很好提高产量，不同地区技术水平不同也将导致产量的差距，从而对桑蚕产业空间格局产生影响。在中国改革开放的 20 世纪 80 年代初期，农民的收入主要来源于种植业，种桑养蚕收入相对较高，成为长江三角洲、珠江三角洲地区农民收入最主要来源。地方政府包括农民本身，都努力提升种桑养蚕技术，进而增加农民收入的积极性。近年来，随着“东桑西移”工程的逐步推进，西部主产区大力开发和引进桑、蚕新品种，推广标准化生产技术，全力促进蚕茧产量稳定增加。水帘空调、升降机等控制蚕房温度、提高养蚕效率的设备“入住”了广西的很多产区。据当地蚕农反馈，标准化蚕房使每年养蚕批次从 12 批增加到 14 批，可以提高收入近两成。

与传统的种植农业相比，养蚕业的季节性较强，市场较小，较多的研发投入和较低的设备利用率又使得机械化程度长期落后，是典型的土地和劳动密集型产业。在这种背景下，浙江省和江苏省劳动力成本和城镇化水平逐年上升的城市的蚕桑业都在逐年萎缩。取而代之的是像广西这样土地和劳动力成本相对低廉的省份：最近 10 年间，广西桑蚕产业彻底摆脱了此前的低水平局面，10 年间增长 8 倍以上，实现了跨越式发展。如今，广西壮族自治区的蚕茧产量占全国的一半以上，生丝产量连续多年居全国榜首。目前，广西的省级综合性蚕业机构集蚕业科研、推广、管理、生产于一体，是国内少有的；其重点蚕区县、乡、村也配备了专门的蚕业技术队伍。

总的来看，技术因素对种桑养蚕产业的发展、对其空间格局的向好演变的作用，主要体现在以下几个方面：一是，农业科技进步因素使得桑园单位产值迅速提高；二是农业技术推广部门力量的加强为种桑养蚕新技术的运用提供了保证；三是，蚕种新品种和桑园栽培新技术的推广和运用大幅提高了单位产出水平，促进了西部地区桑园面积的扩展。

五、政策因素对桑蚕产业空间格局的影响

随着广东、浙江、江苏等传统桑蚕产业主产区工业化、城镇化的加速推进，土地和劳动力成本加速上涨，很大程度上制约了传统的桑蚕产业发展，使其生产规模逐年下降；而与之相对的是，我国中西部地区拥有较为丰富和低成本的土地资源和劳动力资源，且其工业化程度相对落后，为发展蚕茧丝产业提供了优越的自然条件和坚实的社会基础。正是基于上述背景，商务部于2006年启动了“东桑西移”工程。其核心内容是在中西部地区建设100个万亩蚕桑基地，将中西部地区建设为提供优质茧丝的主产地，为东部地区的丝绸深加工、精加工和高附加值产品的生产和发展提供优质原材料。百万亩蚕桑基地建设以广大农民为主体，如桑园建设所需的土地、劳动力以及相当一部分资金等各项投入，都是来自农民，目的是推动桑蚕产业空间格局向好演变，从而进一步巩固我国桑蚕产业的比较优势。十几年来，国家通过财政补贴、金融税收优惠、技术扶持和推广等措施，引导种桑养蚕由浙江、江苏、广东等主产区，向西部的广西、四川、云南等西部省份转移。

同时，西部各省份抢抓国家实施“东桑西移”工程的机遇，充分认识发展桑蚕产业对农民增收、经济发展、产业结构调整的积极意义，加大扶持力度，推进规模化、产业化，扶持了一大批主产县，使蚕茧产量在全国位次有了很大的跃升。以广西壮族自治区为例，2006年以来，广西主动承接产业转移，大力发展桑蚕产业，实现了跨越式发展，成为巩固的桑蚕产业第一主产省份，蚕茧产量约占全国1/2、世界1/4。

正是因为国家及时启动“东桑西移”工程，加上相关省份，包括云南、广西等及时出台配套支持政策，这些省份桑蚕产业主动承接、急剧发展，迅速填补了东部省份退出种桑养蚕后留下的正空，确保了我国种桑养蚕优势不受削弱，也有效防止了自然演进过程中可能出现的时间漫长、总产量下滑等风险。

六、生态因素对桑蚕产业空间格局的影响

生态文明是经济持续健康发展的关键保障，生态构建早已成为我国战略性需要。开展桑蚕行业不但切合人民的需求，还切合中央提出的生态文明建设和建设美丽中国的要求，通过发展生态桑，加强绿化美化环境的功能，加大植物覆盖面积，发挥其抗旱、防风护田、涵养水源等多种特殊功能，在部分荒漠化等生态环境脆弱或破坏严重的区域开展生态修复治理，另外，结合桑树开展畜禽养殖等产业，提升整体粮食与食物安全水平，开发的桑树等系列产品也具有安全绿色和药效等双重功能，也能够满足我国人口经济发展水平的提升和消费升级的需求。蚕丝有利于人体营养吸收的18种氨基酸，具有重要的药用价值。同时，桑蚕产业利于解决“三农”问题与精准扶贫。适宜桑蚕种植和地区范围较广，投资见效快，经济效益可观。种植桑树饲养蚕茧，不仅不占用农作时间还不占用耕种土地，农民可以占用角落的土地，在极少的土地上收获更高收入。较一部分区域特别是把农产业作为重要经济产业贫困的山区人民来看，种植桑树饲养蚕不但可以脱离贫穷，还可以提高收入，桑蚕经济发展可以成为贫困地区农民增收，提高就业等主要来源之一，对加大该区域的经济运行、推动精准扶贫，促进地区经济发展具有重要意义。因此，如何合理地根据我国各地特色，科学合理的优化桑蚕产业的空间格局就成为当前研究的重点。

七、市场因素对桑蚕产业空间格局的影响

市场影响生产者选择的重要途径，就是蚕茧价格茧价的高低可能直接影响农民从事蚕茧生产的收益。如果种桑养蚕的收益低于其他农业种植，农户就会放弃桑蚕生产。另外，价格波动带来市场的风险，收益因此不稳定从而影响农户生产行为，蚕农应对市场变化的能力很弱，价格的频繁起伏将可能挫伤农户开展蚕茧生产的积极性，进而影响蚕茧产量和桑蚕生产空间格局。

改革开放以来，我国桑蚕产业快速发展，成为生产和出口的大国。20世纪中后期，桑蚕产业行业遭遇了困难并进行了5年的调整，1999年之后才出现恢复性增长；之后随着经济发展和结构调整，又进入了“寒冬期”，特别是2002年以来，由于国际竞争加剧和全球经济发展缓慢，桑蚕

产业再次面临严峻的形势。蚕茧流通体制是农产品流通体制改革过程中的遗留问题，目前仍保留着计划经济时期的特点。在计划经济体制下，蚕茧的利润是在国家与农民之间分配。在这种情况下，农民的话语权较弱。例如，蚕茧收购这一环节仍然被过去国有丝绸公司的茧站独家垄断，收购价格仍由当地物价部门制定，蚕农在蚕茧定价时处于弱势地位。而国有丝绸公司进行私有化改制之后，蚕茧的利润是在农民与企业之间分配，价格是确定利润分配的关键手段。长期以来，地方物价部门出于向丝厂倾斜的考虑，往往会制定低于市场价的蚕茧收购价格。当理性的农户观察到其蚕茧收购价格被低估，就会顺理成章地利用体制外的渠道，从而以实际市场价格出售蚕茧。激烈的市场竞争，种桑养蚕比较收益下降，是江苏、浙江等传统主产区，桑园面积减少，蚕农转向其他经营，桑蚕产业走向衰落的根源。对于广西等新兴蚕区，农业多种经营发育不完善、种桑养蚕的比较收益较其他传统种植业尚存优势，是其桑蚕产业能兴起的原因。

蚕桑产业横跨第一、第二产业，为规避不期而至的市场风险，广西等新兴主产区，采取了双管齐下的办法。一方面，推行“公司+基地+农户”的生产模式，提高桑蚕产业水平。推进专业化分工协作，借力于专业合作组织，发挥组织形式创新，从而增加蚕桑业产量和经济效益。另一方面，推行产品多元化，提高蚕桑综合利用水平。桑果、桑叶茶、桑枝食用菌、桑果汁等多元化产品发展较快，产业综合效益显著提高。

第六节　本章小结

通过本章研究，得到以下结论：

1. 本章分析表明，我国桑蚕产业整体集聚度仍然不高，但近年呈现加强趋势。CR_n 指数分析结果表明，CR_n1 曲线在波动中不断上升，CR_n3 和 CR_n5 曲线在波动中缓慢上升，CR_n10 呈“缓慢的下降到上升”过程，反映出我国桑蚕产业集中度不断提高的趋势；*HHI* 指数分析的结果显示，2003—2015 年我国桑蚕产业的 *HHI* 变化趋势呈平稳中下降而后逐渐上升，这实际上反映出“东桑西移”工程实施中，东部主产区生产逐渐收缩、西南部主产区加快建立优势的过程；区位商（*LQ* 系数）连续下降，桑蚕产业在我国传统桑蚕产业优势省份的优势持续减弱，而在西部地区的新兴蚕区（广西和云南等省区）的区位商（*LQ* 系数）快速上升，区域专业化程度和产业竞争力不断优化提高。

2. 借助标准差椭圆和标准距离等空间计量模型的定量分析表明，中国桑蚕产业空间格局演变，集中表现为自东向西、自北向南演进的规律，种桑养蚕日益在西南地区集聚。江苏、浙江、四川等传统桑蚕种植区播种面积下降，且占全国比重不断下降；广西、云南的播种面积持续增加且占全国比重不断上升。与此同时，中国桑蚕种植还呈现出向西南方向集中的，种植重心在东经 109.37°~111.96°和北纬 28.89°~30.34°范围内移动，南北移动范围较大。

3. 种桑养蚕空间格局的演变，是资源、经济、市场、技术、生态和政策等综合因素的共同影响。这些因素都直接影响农户种桑养蚕的绝对收益和相对收益，进而影响其生产行为选择。

——资源条件是种桑养蚕空间格局演变的基础条件。广西、云南能够成为桑蚕产业的新兴产区，在于其有丰富的耕地资源、充裕的劳动力资源；而江苏、浙江等逐渐退出桑蚕产业，核心也在于随着工业化、城镇化的加速发展，农村耕地不足、劳动力稀缺的问题容易显现。

——经济因素是决定农户微观行为的关键因素。不管是江苏、浙江的农户逐渐放弃种桑养蚕，还是广西、云南的农户越来越多的开始种桑养蚕，都是理性的经济行为，是基于对机会成本考量后的理性选择。浙江、江苏农民要种桑养蚕，就要放弃外出打工、创业等机会，显然并不经济；而广西、四川农民要种桑养蚕，要放弃的是种植粮食作物或其他经济作物，无论从经济收益，还是从劳动强度来讲，显然都比较经济。

——市场因素是决定桑蚕产业能否平顺发展的关键。谷贱伤农是农业生产中经常要面对的问题，种桑养蚕同样面临着市场风险。只有有效管控市场风险，包括通过产业化手段、多元化产品开发等可以抵御市场风险，维护农民利益，对于桑蚕产业平稳发展、巩固和发展我国的传统优势具有重要意义。

——技术因素是决定桑蚕产业比较优势的关键因素。桑蚕产业在向西南地区聚集的现象，实际伴随着西南地区广西、云南种桑养蚕技术的不断提高发展。正因为种桑养蚕技术的提高，农民遭受自然灾害的概率下降，收入的稳定性增长，且劳动强度也有相应的下降，这也是这些地区经过短暂徘徊后，桑蚕产业进入快速发展阶段的重要原因。

——政策因素对桑蚕产业空间格局向好演变有重要推动作用。好的政策是因势利导，可以加速自然演进的过程，减少自然演进过程中可能出现的整体竞争力下降的风险。正是在“东桑西移”工程的引导和保驾护航下，东部主产区的退出与西南主产区的兴起，几乎实现了无缝衔接，促成了我国桑蚕产业优势不断巩固发展。

——生态因素则是桑蚕产业发展最重要的约束条件。西南地区开发时间短，人口密度相对较低，生态消耗强度也较低，相对来说资源环境承载能力更强一些，发展桑蚕产业约束力小；而浙江、江苏等传统产区，人口密度大，资源集约化利用程度高，农业生态化肥、农药等投入强度大，环境承载能力相对小一些，发展桑蚕产业的空间已经不大。

第五章 中国桑蚕产业格局演变的合理性评价

通过第四章的研究表明，自改革开放以来，特别是进入21世纪以来，中国桑蚕产业空间布局发生了很大变化。这表现在桑园面积和蚕茧、生丝的产量几个方面：以江苏、浙江为代表的长江中下游地区桑园面积、蚕茧和生丝产量减少较多，而以广西、云南为代表的西南地区桑园面积、蚕茧和生丝产量出现较大幅度的增长。如何判断这种变化的原因和未来发展趋势，包括如何评价这种变化，需要对原来的主产区及新兴的主产区种桑养蚕生产效率、比较优势进行分析比较。我们的假设是：假若伴随着桑蚕产业空间格局演变，我国桑蚕产业区域比较优势也在相应变化，也就是说新兴产区能够迅速积累、形成比较优势，则有利于我国蚕茧、生丝等桑蚕产业最终产品产出水平保持稳定，进而确保我国在茧丝绸行业的传统优势地位。

第一节 我国桑蚕产业主产区比较优势分析

一、研究方法与数据来源

1. 研究方法

比较优势分析主要是对若干指标进一步细化，并分析在农业自然资源享赋、市场需求等因素综合影响下，我国不同桑蚕产业的生产优劣。目前，国际上常用的分析农产品比较优势的方法有：净出口指数法、贸易竞争力指数、国内资源成本系数法和相对生产成本法等（雪燕，2006）。

当前国际竞争力研究方法很多，其中显示性比较优势指数是常用的方法之一，这种方法优点很多，计算方法、数据来源都较为科学可靠，但是现实中存在政府干预等影响出口的因素，对于非自有贸易体系的国际竞争力水平难以进行评估（孙中和，2003；孙兰凤，2009）；相对成本是单位产品的投入量的比值，仅考虑了生产过程中的成本比较，没有考虑运输成本。贸易竞争力指数 TC（Trade Compentitiveness）是对国际竞争力比较常用的测度指标其中之一，作为一个与贸易总额的相对值，剔除了通胀的影响，指数值在-1~1 之间，其值越接近-1 表示竞争力薄弱，接近 1 说明只进口不出口，接近 0 说明接近平均水平（孙中和，2003；张大瑜，2005）。国内资源成本 DRC（Demestic Resource Costs）计算的是国内资源参与生产活动，用于考察国内生产的有利性，从资源配置等方面分析国内生产与国外生产，被普遍认为是较为科学的比较优势分析方法。但是，以上方法和指标基本通过可通过农产品进出口数据来分析测算国际比较优势，对于小区域范围内会产生较大误差。因此，需要构建一个可以从省级市级和县级层面以及相互之间纵向和横向比较的综合比较优势指标，从而可以定量分析区域桑蚕产业发展的比较优势（雪燕，2006；马惠兰，2004；孙中和，2003；孙兰凤，2009）。

本节选取综合比较优势指数（AAC）分析法对我国桑蚕产业具有比较优势的区域进行分析。该指数能够综合反映生产规模（SAC）和生产效率（*EAC*）的分析结果（张晴等，2013）。本文应用 SAC、AAC 和 AAC 等 3 个优势指数综合测算我国不同地区蚕茧生产区域的比较优势指数。

2. 数据来源

1995—2016 年《中国统计年鉴》中蚕茧和农业生产相关数据为本次研究的主要数据来源。此外，对本章来源于《中国统计年鉴》的数据，与第四章来源于《中国丝绸年鉴》和《中国农业统计年鉴》的数据作了比对，确实发现类似数据之间存在着微小差异。考虑到并未影响到趋势、结果等的分析，本文保持数据的原貌，未作人为校正。

二、蚕茧生产区域生产规模优势指数分析

生产规模优势指数（SAC），常用来分析某一特定区域特定农作物的生产规模程度，可以用来衡量该地区这种农作物生产的专业化程度。实际可以反映出，某地区在某一作物的生产上，尽管总量上不占优势，但单位产量上仍占优势。

$$SAC_{ij} = \frac{GS_{ij}/GS_i}{GS_j/GS} \tag{5-1}$$

式中，SAC_{ij}表示 i 地区 j 种农产品生产的规模优势指数，GS_{ij}为 i 地区 j 种农作物播种面积，GS_i为 i 地区全部农作物播种面积，GS_j为全国 j 种农作物播种面积，GS 为全国所有农作物播种面积。该指数反映了国内不同地区同种农产品生产规模和同一地区不同农产品生产规模的相对优势，如果 $SAC_{ij}> 1$，说明该区域该种农产品在国内具有生产规模优势，且取值越大，规模优势越强，以此类推。

根据 SAC 计算结果（表 5-1），$SAC_{ij}> 1$ 的区域表明具有规模优势，由此可以发现优势最大的两个省市是浙江和重庆，在 1995 年、2000 年、2005 年、2010 年和 2015 年五个时点，这两个省市的蚕茧 SAC 值均超过了 4。除了浙江以外，华东地区具有规模优势的省份还有江苏和安徽，西南地区具有规模优势的有云南、重庆和四川，在西部地区则有陕西省具有规模优势。这实际上反映出尽管总量在下降，但浙江、重庆等主产区种桑养蚕仍具有生产效率的优势，这些地区资源禀赋条件实际上更适宜桑蚕产业的发展。

表 5-1　我国区域蚕茧生产规模比较优势

Tab. 5-1　Comparative advantages of production scale in chinese cocoon production area

地区	1995 年	2000 年	2005 年	2010 年	2015 年	平均
山西	0.66	0.84	0.43	0.65	0.53	0.62
江苏	3.58	2.77	2.42	1.48	0.86	2.22
浙江	3.20	5.52	4.99	5.38	4.10	4.64
安徽	1.15	0.99	1.02	1.18	0.68	1.00
江西	0.58	0.48	0.89	0.56	0.43	0.59
山东	0.51	1.21	0.87	0.49	0.45	0.71
河南	0.42	0.32	0.32	0.31	0.16	0.31
湖北	0.64	0.80	0.52	0.70	0.52	0.64
湖南	0.13	0.07	0.15	0.17	0.20	0.14
广东	0.40	0.66	1.06	1.72	1.13	0.99
广西	0.39	0.67	2.91	4.76	5.77	2.90

（续表）

地区	1995 年	2000 年	2005 年	2010 年	2015 年	平均
四川	4. 87	2. 40	2. 83	2. 40	2. 24	2. 95
重庆	3. 49	5. 65	4. 63	3. 46	2. 83	4. 01
贵州	0. 56	0. 65	0. 28	0. 28	0. 20	0. 39
云南	0. 55	1. 02	1. 33	2. 65	2. 65	1. 64
陕西	1. 53	2. 23	2. 23	3. 02	2. 19	2. 24
甘肃	—	0. 62	0. 33	0. 21	0. 15	0. 33
新疆	0. 64	0. 75	0. 27	0. 17	—	0. 46

三、蚕茧区域生产效率比较优势分析

生产效率优势指数（EAC），代表特定地区选定作物的单位产出与该作物的全国平均单产水平的比值，表明该地区该产业的水平与全国平均水平的差异。

$$EAC_{ij} = \frac{AP_{ij}/AP_i}{AP_j/AP} \tag{5-2}$$

式中，EAC_{ij}表示 i 地区 j 种农产品生产的生产效率优势指数，AP_{ij}为 i 地区 j 种农作物单产，AP_i为 i 地区所有农作物单产，AP_j为全国 j 种农作物单产，AP 为全国所有农作物单产。该指标反映了国内不同地区同一种农产品和同一地区内不同种农产品的生产效率水平。如果 $EAC_{ij}>1$，表明与全国水平相比，该区域该种农产品具有更高的生产效率，以此类推。

生产效率指数（EAC）计算模型为公式（5-2），由于很难找到与蚕茧单产对应的 AP_i值和 AP 值，因此就在此采用简化的效率比较优势计算公式.

$$EAC_{ij} = \frac{AP_{ij}}{AP_j} \tag{5-3}$$

式中，EAC_{ij}表示 i 区 j 种农产品生产的生产效率优势指数，AP_{ij}为 i 区 j 种农作物的单产，AP_j为全国 j 种农作物的单产。

根据公式（5-3）计算我国各地区的 EAC 指数，结果见表 5-2。我国蚕茧生产具有效率优势的省区（即 $EAC_{ij}>1$）主要有华东优势区的苏、浙，华南优势区的粤、桂，而山东省虽然五个时点的平均值大于 1，但从数据的分布来看，近些年是不具有效率优势的。

表 5-2　我国蚕茧区域生产效率比较优势

Tab. 5-2　Comparative advantages of production efficiency in Chinese cocoon production area

地区	1995 年	2000 年	2005 年	2010 年	2015 年	平均
山西	0.45	0.48	0.50	0.54	0.56	0.51
江苏	1.17	1.49	1.39	1.70	1.60	1.47
浙江	2.12	1.64	1.46	0.90	0.71	1.37
安徽	1.07	0.94	0.91	0.61	0.64	0.83
江西	0.86	0.90	0.60	0.67	0.83	0.77
山东	1.77	0.93	0.99	0.93	0.89	1.10
河南	0.62	0.38	0.49	0.56	0.76	0.56
湖北	0.97	0.73	0.79	0.77	0.87	0.83
湖南	0.60	0.55	0.75	0.72	0.39	0.60
广东	2.66	1.78	1.70	2.53	1.51	2.04
广西	1.43	2.11	1.87	1.86	1.87	1.83
四川	0.78	1.09	0.73	0.78	0.81	0.84
重庆	0.41	0.48	0.49	0.37	0.34	0.42
贵州	0.17	0.24	0.50	0.40	0.37	0.34
云南	0.67	0.49	0.47	0.44	0.58	0.53
陕西	0.55	0.53	0.55	0.35	0.29	0.45
甘肃	—	0.06	0.11	0.09	0.12	0.10
新疆	0.65	0.42	0.21	0.12	—	0.35

四、蚕茧生产综合比较优势分析

综合比较优势指数（AAC），是综合反映一个地区某种农业产业发展是否具有优势的指标。生产规模优势指数可用于表征区域农作物种植面积和规模在全国的比较优势，但不包括因科技进步引起的作物单产提高，而生产效率优势指数虽然从生产力角度对各地区某作物生产的比较优势进行反映，但是在小范围内，某种作物单产不高，不能说明地区这类作物具有综合比较优势。为此，需要引入综合比较优势指标，通过取几何平均数的做法，将上述 SAC 和 EAC 结合起来，以一个综合指标来全面评价区域农产品比较优势。该指数的计算公式为：

$$AAC_{ij} = \sqrt{SAC_{ij} \times EAC_{ij}} \tag{5-4}$$

如果 $AAC_{ij} > 1$，则表示与全国平均水平相比具有综合比较优势，并且取值越大，比较优势越强，以此类推。

根据公式（5-4）计算我国各地区的 AAC，结果见表 5-3。$AAC_{ij} > 1$ 的省份表明具有蚕茧生产的规模优势，由此可以得知华东地区有浙江和江苏两省份明显具有规模优势，西南地区具有规模优势有四川、重庆，华南地区有广东和广西两省具有规模优势，西北地区则只有陕西具有规模优势。从以下表格也很容易得出结论，那就是华东地区相比于其他地区具有明显的规模优势。

表 5-3 我国蚕茧区域生产综合比较优势

Tab. 5-3 Comprehensive comparative advantage of cocoon production area in China

地区	1995 年	2000 年	2005 年	2010 年	2015 年	平均
山西	0.55	0.63	0.46	0.59	0.54	0.56
江苏	2.05	2.03	1.84	1.59	1.17	1.81
浙江	2.61	3.01	2.70	2.20	1.71	2.52
安徽	1.11	0.96	0.96	0.85	0.66	0.92
江西	0.71	0.66	0.73	0.61	0.60	0.67
山东	0.95	1.06	0.93	0.68	0.63	0.88
河南	0.51	0.35	0.39	0.42	0.35	0.41
湖北	0.78	0.77	0.64	0.74	0.67	0.72
湖南	0.28	0.19	0.34	0.35	0.28	0.29
广东	1.04	1.08	1.34	2.09	1.31	1.42
广西	0.75	1.19	2.33	2.98	3.28	2.30
四川	1.95	1.62	1.44	1.37	1.35	1.57
重庆	1.20	1.64	1.51	1.13	0.98	1.29
贵州	0.31	0.40	0.37	0.33	0.27	0.36
云南	0.61	0.71	0.79	1.08	1.24	0.93
陕西	0.92	1.08	1.10	1.02	0.80	1.01
甘肃	—	0.20	0.19	0.14	0.13	0.18
新疆	0.64	0.56	0.24	0.15	—	0.40

五、比较优势与布局变迁关系分析

从长远的角度来说，浙江、广西、江苏、四川、广东、重庆、陕西、云南等省（区、市）依次具有蚕茧生产的优势。但是，只有广西和云南两个省份的综合优势显著上升，陕西、重庆、江浙和四川的比较优势均有所下降，而其他几个省市都呈先升后降的趋势（表 5-4）。

表 5-4　蚕茧优势区生产情况

Tab. 5-4　Production status of cocoon advantage area

地区	指标	1995 年	2000 年	2005 年	2010 年	2015 年
江苏	*AAC*	2. 05	2. 03	1. 84	1. 59	1. 17
	面积	22. 00	8. 67	9. 20	5. 62	3. 76
	单产	661. 50	1 102. 50	1 108. 50	1 371. 00	1 227. 63
浙江	*AAC*	2. 61	3. 01	2. 7	2. 2	1. 71
	面积	9. 73	7. 73	7. 04	6. 67	5. 33
	单产	1 198. 50	1 209. 00	1 164. 00	721. 50	544. 36
广东	*AAC*	1. 04	1. 08	1. 34	2. 09	1. 31
	面积	1. 67	1. 33	2. 53	3. 88	3. 07
	单产	1 500. 00	1 312. 50	1 354. 50	2 038. 50	1 158. 67
广西	*AAC*	0. 75	1. 19	2. 33	2. 98	3. 28
	面积	1. 73	1. 67	9. 41	14. 00	20. 07
	单产	807. 00	1 560. 00	1 488. 00	1 500. 00	1 427. 74
四川	*AAC*	1. 95	1. 62	1. 44	1. 37	1. 35
	面积	35. 33	9. 11	13. 33	11. 33	12. 33
	单产	441. 00	801. 00	582. 00	627. 00	616. 22
重庆	*AAC*	1. 2	1. 64	1. 51	1. 13	0. 98
	面积	9. 47	8. 00	7. 93	5. 80	5. 75
	单产	231. 00	354. 00	391. 50	295. 50	262. 04
陕西	*AAC*	0. 92	1. 08	1. 1	1. 02	0. 80
	面积	5. 33	4. 00	4. 67	6. 30	5. 33
	单产	310. 50	387. 00	435. 00	279. 00	225. 06

注：面积单位为万公顷，单产单位为千克/公顷

以上地区的桑园面积和综合比较优势呈现正相关。江浙地区、广东、重庆和四川由于综合比较优势逐渐弱化，其桑园面积也相应地减少。相反，由于广西地区的比较优势逐渐增强，其桑园面积也是不断增长。不同寻常的是，陕西省虽然综合比较优势降低，但是其桑园面积反而增加。

从上述研究结果可知，我国桑蚕产业空间格局在深刻变化的同时，伴随着各省份种桑养蚕比较优势的此消彼长。随着种桑养蚕新技术在广西、云南等新兴产区的发展推广，广西、云南桑蚕产业的比较优势在逐步提升；而原来的主产区江苏、浙江等，尽管建立在优越的自然气候条件，以及悠久的生产力是基础上的生产效率的优势，相对于新兴产区在逐渐丧失。

这个结论表明，桑蚕产业空间格局的变化，并不会导致中国桑蚕产业的生产总量的剧烈波动：尽管种桑养蚕逐步由自然生长条件比较适宜的长江三角洲、珠江三角洲等传统产区，转移到水分和温度条件都不太适宜的西南地区，损失了一定的单位面积产出水平，但由于生产规模的扩大，并不会导致桑蚕产业总产量年度间的波动，不会影响我国桑蚕产业固有的优势地位。

第二节　我国桑蚕产业全要素生产率分析

一、研究方法

全要素生产率（Total Factor Productivity，TFP）是指生产总产出量与全部生产要素真实投入量之比。全要素生产率估计方法分为以计量经济学方法为主的参数估计方法，和以数学规划为主的非参数方法。非参数方法较为流行的是基于数据包络分析（Data Envelopment Analysis，DEA）模型的非参数 Malmquist 指数方法根据 1994 年 Fare 等提出的基于产出的 Malmquist 生产率指数可表示为（罗丽等，2011）：

$$M_o(X_o^t,\ Y_o^t,\ X_o^{t+i},\ Y_o^{t+i}) = \sqrt{\left[\frac{D_o^t(X_o^{t+i},\ Y_o^{t+i})}{D_o^t(X_o^t,\ Y_o^t)}\right] \times \left[\frac{D_o^{t+i}(X_o^{t+i},\ Y_o^{t+i})}{D_o^{t+i}(X_o^t,\ Y_o^t)}\right]} \tag{5-5}$$

式 5-5 中，$(X_o^t,\ Y_o^t)$ 分别表示时期 t 和时期 $t+i$ 的投入产出向量，

$D_o^t(X_o^t, Y_o^t)$ 表 t 时期技术为参照的时期 $t+i$ 的投入产出向量 $t+i$ 的产出距离函数，$D_o^t(X_o^{t+i}, Y_o^{t+i})$ 表示以 t 时期技术为参照的时期的投入产出向量的产出距离函数，下标 o 表示机遇产出的角度。$\frac{D_o^t(X_o^{t+i}, Y_o^{t+i})}{D_o^t(X_o^t, Y_o^t)}$ 测度了在时间 t 的技术条件下，从时期 t 到 $t+i$ 的技术率变化。同理，$\frac{D_o^{t+i}(X_o^{t+i}, Y_o^{t+i})}{D_o^{t+i}(X_o^t, Y_o^t)}$ 定义了在时期 $t+i$ 技术条件下，测度从时间 t 到 $t+i$ 的技术率变化。可以进一步分解为不变规模报酬假定下技术率与技术变化的乘积：

$$\begin{aligned} M_o(X_o^t, Y_o^t, X_o^{t+i}, Y_o^{t+i}) &= \frac{D_o^{t+i}(X_o^{t+i}, Y_o^{t+i})}{D_o^t(X_o^t, Y_o^t)} \\ &\times \left[\frac{D_o^t(X_o^{t+i}, Y_o^{t+i})}{D_o^{t+i}(X_o^{t+i}, Y_o^{t+i})} \times \frac{D_o^t(X_o^t, Y_o^t)}{D_o^{t+i}(X_o^t, Y_o^t)}\right]^{\frac{1}{2}} \\ &= Ech_o \times Tch_o \end{aligned} \tag{5-6}$$

式中，第一项表示技术率（Ech_o）变化，第二项表示技术（Tch_o）变化。可以将技术率变化进一步分解为，变动规模报酬假定下的纯技术效率变化和规模效率变化的乘积：

$$\begin{aligned} Ech_o &= \frac{D_o^{t+i}(X_o^{t+i}, Y_o^{t+i} | C)}{D_o^t(X_o^t, Y_o^t | C)} = \frac{D_o^{t+i}(X_o^{t+i}, Y_o^{t+i} | V)}{D_o^t(X_o^t, Y_o^t | V)} \\ &\times \frac{D_o^{t+i}(X_o^{t+i}, Y_o^{t+i} | C) / D_o^{t+i}(X_o^{t+i}, Y_o^{t+i} | V)}{D_o^t(X_o^t, Y_o^t | C) / D_o^t(X_o^t, Y_o^t | V)} \\ &= PEch_o \times SEch_o \end{aligned} \tag{5-7}$$

式中，第一项为纯技术率（$PEch_o$）变化，第二项为规模率（$SEch_o$）变化。Malmquist 生产率指数的构造，可借助 *DEA* 模型，计算出距离函数。

本研究将运用非参数的全要素生产率（Malmquist 指数）方法，重点分析“东桑西移”政策实施前后，全国层面和省级层面桑蚕全要素生产效率。

二、全国及各地区全要素生产率变化

本文运用 *DEAP* 2. 1 软件，计算得到 2006—2015 年中国 13 个省区蚕茧生产的 Malmquist 生产率及分解指数。

三、中国蚕茧生产的全要素生产率增长及分解要素的总体变化

由表5-5、图5-1可见，由于技术进步和技术效率的变化，2006—2015年期间，蚕茧*TFP*（全要素生产率）年际间变动较为明显，总体呈现“先缓慢下降—后骤然上升”的循环变动趋势。

表5-5 2006—2015年中国蚕茧Malinquist生产率指数均值及其分解

Tab. 5-5 Mean value and decomposition of malinquist productivity index of silkworm from 2006 to 2015

日期（年/月）	技术效率	技术效率增长率	技术变动	技术变动增长率	纯技术效率	规模效率	全要素生产率	生产率增长率
2006/07	0.970	-0.030	1.128	0.128	1.066	0.910	1.095	0.095
2007/08	1.046	0.046	0.910	-0.090	1.109	0.943	0.951	-0.049
2008/09	0.882	-0.118	0.931	-0.069	0.897	0.983	0.821	-0.179
2009/10	0.941	-0.059	1.155	0.155	0.942	0.999	1.087	0.087
2010/11	0.997	-0.003	0.987	-0.013	1.060	0.941	0.984	-0.016
2011/12	0.969	-0.031	1.003	0.003	1.087	0.892	0.972	-0.028
2012/13	1.004	0.004	0.935	-0.065	0.989	1.015	0.939	-0.061
2013/14	1.036	0.036	1.013	0.013	0.872	1.188	1.050	0.050
2014/15	1.037	0.037	0.971	-0.029	0.958	1.083	1.006	0.006

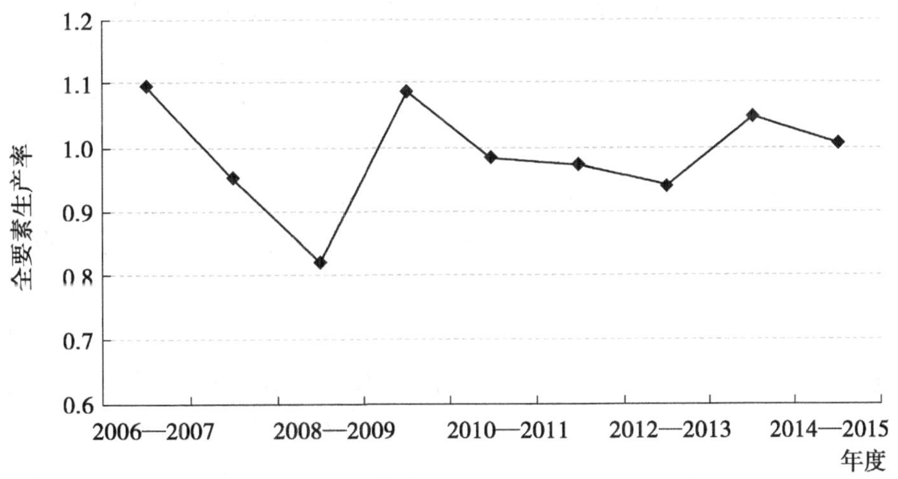

图5-1 2006—2015年中国蚕茧全要素生产率变化

Fig. 5-1 Change in total factor productivity of cocoon from 2006 to 2015

按照“先下降——后上升”的波动特点，将 2006—2015 年分为 2006—2010 年、2010—2014 年以及 2014—2015 年三个阶段具体分析，如表 5-6。由表 5-6 可见，三个阶段的 *TFP* 均值不断增加，技术效率均值不断增大，技术进步均值不断降低，因此 *TFP* 均值的增大主要得益于技术效率的不断增长，并且技术效率增长的速度快于技术进步下降的速度。

表 5-6 2006—2015 年中国蚕茧 Malinquist 生产率指数均值

Tab. 5-6 Average malinquist productivity index of cocoon from 2006 to 2015

年度	全要素生产率	技术效率变化	技术变动	纯技术效率变化	规模效率变化
2006—2010	0.982	0.958	1.025	1.000	0.958
2010—2014	0.985	1.001	0.984	0.998	1.003
2014—2015	1.006	1.037	0.971	0.958	1.083

第一阶段，2006—2010 年，蚕茧 *TFP* 前三年不断下降最后一年上升，均值为 0.982，下降了 1.8%。其中，技术进步均值为 1.025，上升了 2.5%，技术效率变化均值为 0.958，下降了 4.2%，主要是技术进步均值的降低造成了 *TFP* 的下降。这 4 年中，2006—2007 年和 2009—2010 年，技术进步分别增加 12.8%和 15.5%，技术效率分别下降 3.0%和 5.9%，技术进步发挥了明显的作用促使 *TFP* 均值大于 1；2007—2008 年，技术进步下降 9.0%，技术效率增加 4.6%，技术效率未能充分发挥效用，导致 *TFP* 下降；2008—2009 年，技术进步和技术效率分别下降 6.9%和 11.8%，双重作用导致 *TFP* 均值只有 0.821。

第二阶段，2010—2014 年，蚕茧 *TFP* 前三年不断下降最后一年上升，均值为 0.985，下降了 1.5%。其中，技术进步均值为 0.984，下降了 1.6%，技术效率变化均值为 1.001，平均增加 0.1%。这 4 年中，2010—2011 年技术进步和技术效率分别下降 1.3%和 0.3%；2011—2012 年技术进步增加 0.3%，但是技术效率下降了 3.1%，技术进步未能充分发挥作用，导致 *TFP* 下降；2012—2013 年技术效率略有增长，增长幅度为 0.4%，但是技术进步却显著下滑，其幅度达到了 6.5%，由此也带来了 *TFP* 的下降；2013—2014 年，技术进步增长了 1.3%，技术效率增长了 3.6%，两者促进了 *TFP* 的上升，均值为 1.050。

第三阶段，2014—2015 年，蚕茧 *TFP* 均值为 1.006，增长了 0.6%。其中，技术进步和技术效率分别平均增长-2.9%和 3.7%，两者相互抑制。

四、2006—2015 年间东、中、西部地区蚕茧 *TFP* 均值及其分解

如表 5-7 所示，2006—2010 年间，13 个样本省中有 4 个省份的蚕茧 *TFP* 呈增长态势，分别是粤、鄂、桂、川，蚕茧 *TFP* 平均增长分别为 11.0%、1.6%、1.4% 和 0.8%。其中，广东省技术进步增长了 6.2%，技术效率增长了 4.6%，两者共同促进了 *TFP* 的增长；湖北省技术进步增长了 2.1%，技术效率下降了 0.4%，两者相互抑制。绝大部分省份的技术进步均值都大于 1 或者接近于 1，*TFP* 均值的下降主要是因为技术效率的降低。分地区来看，生产效率增长较快的依次为东部地区、西部地区、中部地区，增长率分别为-1.1%、-1.6%、-2.4%。东部地区、西部地区和中部地区技术进步分别增加了 3.3%、1.8%和和 2.6%，技术效率分别下降了 4.4%、3.3%和 4.8%，主要是技术效率下降造成了 *TFP* 的下降。

表 5-7　2006—2010 年各省 Malinquist 生产率指数均值及构成

Tab. 5-7　Mean and composition of malinquist productivity index in each province from 2006 to 2010

省区	技术效率	技术变动	纯技术效率	规模效率	全要素生产率	全要素生产率排名
江苏	0.962	1.034	1	0.962	0.995	5
浙江	0.896	0.995	0.982	0.913	0.892	13
山东	0.919	1.042	0.882	1.042	0.958	10
广东	1.046	1.062	1.025	1.021	1.11	1
东部平均	0.956	1.033	0.972	0.985	0.989	
山西	0.906	1.062	1	0.906	0.963	9
安徽	0.948	0.989	0.991	0.956	0.937	12
河南	0.958	1.032	1.088	0.881	0.989	6
湖北	0.996	1.021	1.03	0.967	1.016	2
中部平均	0.952	1.026	1.027	0.928	0.976	
广西	1	1.014	1	1	1.014	3

（续表）

省区	技术效率	技术变动	纯技术效率	规模效率	全要素生产率	全要素生产率排名
四川	1	1.008	1	1	1.008	4
云南	0.99	0.998	1.013	0.978	0.988	7
陕西	0.964	1	1	0.964	0.964	8
甘肃	0.883	1.072	1	0.883	0.947	11
西部平均	0.967	1.018	1.003	0.965	0.984	

如表5-8所示，2010—2014年间，13个样本省中有5个省份的蚕茧*TFP*呈增长态势，分别是云、豫、桂、川，蚕茧*TFP*平均增长分别为10.1%、7.3%、4.2%、1.7%和1.4%。其中，云南省技术进步增长了5.1%，技术效率增长了4.8%，两者共同促进了*TFP*的增长；河南省技术进步下降了3.1%，技术效率增加了10.7%，技术效率发挥了明显的作用。13个样本省份排名前7位省份的技术效率都表现为增长或者不变，技术效率较技术进步发挥了更大的作用。广东省技术效率下降了6.9%，技术进步下降了7.2%，两者的下降导致*TFP*均值为0.864，在13个样本省份中位于末位。分地区来看，生产效率增长较快的依次为西部地区、中部地区、东部地区，增长率分别为1.2%、0.0%、-5.5%。西部地区技术进步增加了1.4%，技术效率下降了0.1%；中部地区技术进步下降了2.7%，技术效率增加2.8%；东部地区技术进步和技术效率分别下降了3.9%和1.7%，两者共同导致了*TFP*的减少。

表5-8　2010—2014年各省Malinquist生产率指数均值及构成

Tab. 5-8　Mean and composition of malinquist productivity index in each province from 2010 to 2014

省区	技术效率	技术变动	纯技术效率	规模效率	全要素生产率	全要素生产率排名
江苏	0.978	0.975	0.965	1.014	0.954	10
浙江	0.967	1.004	1.032	0.937	0.972	8
山东	1.055	0.937	1.036	1.018	0.989	7
广东	0.931	0.928	0.961	0.968	0.864	13
东部平均	0.983	0.961	0.999	0.984	0.945	
山西	1.048	0.925	0.894	1.172	0.97	9

（续表）

省区	技术效率	技术变动	纯技术效率	规模效率	全要素生产率	全要素生产率排名
安徽	0.925	1.014	1.095	0.845	0.939	11
河南	1.107	0.969	1.147	0.965	1.073	2
湖北	1.033	0.985	0.974	1.06	1.017	4
中部平均	1.028	0.973	1.028	1.011	1	
广西	1	1.042	1	1	1.042	3
四川	1	1.014	1	1	1.014	5
云南	1.048	1.051	1.037	1.011	1.101	1
陕西	0.878	1.036	0.869	1.01	0.909	12
甘肃	1.07	0.929	1	1.07	0.995	6
西部平均	0.999	1.014	0.981	1.018	1.012	

如表5-9所示，2014—2015年间，13个样本省中有7个省份的蚕茧*TFP*呈增长态势，分别是甘肃、湖北、山西、安徽、江苏、广东和广西，蚕茧*TFP*平均增长分别为23.7%、7.5%、5.1%、4.7%、3.4%、1.5%和1.4%。其中，甘肃省技术进步下降了6.0%，技术效率增长了31.6%，技术效率发挥了明显的促进作用；湖北、山西、安徽、江苏、广东、湖北以及山东省均表现出技术效率提高与技术升级速度下降的相互抑制。以浙江省为例，浙江省的技术效率下降了6.0%，技术进步下降了14.6%，两者的下降导致*TFP*均值为0.802，在13个样本省份中位于末位。分地区来看，生产效率增长较快的依次为西部地区、中部地区、东部地区，增长率分别为3.6%、3.2%、-4.2%。西部地区技术进步和技术效率分别增加了2.3%和2.0%；中部地区技术进步下降了6.0%，技术效率增加了9.7%；东部地区技术进步下降了6.0%，技术效率增加了1.9%。

表5-9 2014—2015年各省Malinquist生产率指数均值及构成

Tab. 5-9 Mean and composition of malinquist productivity index in each province from 2014 to 2015

省区	技术效率	技术变动	纯技术效率	规模效率	全要素生产率	全要素生产率排名
江苏	1.1	0.94	1.11	0.991	1.034	5
浙江	0.854	0.94	0.58	1.473	0.802	13

（续表）

省区	技术效率	技术变动	纯技术效率	规模效率	全要素生产率	全要素生产率排名
山东	1.041	0.94	1.076	0.968	0.979	10
广东	1.08	0.94	1.049	1.029	1.015	6
东部平均	1.019	0.94	0.954	1.115	0.958	
山西	1.118	0.94	1.145	0.976	1.051	3
安徽	1.114	0.94	0.425	2.623	1.047	4
河南	1.013	0.94	1	1.013	0.953	11
湖北	1.143	0.94	1.174	1.005	1.075	2
中部平均	1.097	0.94	0.936	1.404	1.032	
广西	1	1.014	1	1	1.014	7
四川	0.956	1.044	1	0.956	0.998	8
云南	0.942	1.04	1.271	0.741	0.98	9
陕西	0.884	1.077	1.081	0.818	0.952	12
甘肃	1.316	0.94	1	1.316	1.237	1
西部平均	1.02	1.023	1.07	0.966	1.036	

五、全国及各地区全要素生产率变化结果启示

第一，2006—2015 年间 *TFP* 均值总体呈现在波动中趋于稳定的特点，上下波动幅度减小。从对 *TFP* 的分解来看，技术效率在波动中趋于增大，技术进步年际间变化较大。分析原因，一方面可能与“东桑西移”政策实施热度降低有关，2006 年恰逢政策实施初年；另一方面，东桑西移以后，桑蚕产业重心由经济相对发达的东部省份转移到经济水平欠发达的中西部省份，所以蚕桑技术创新速度可能有所变缓，技术效率和技术进步水平增速变慢。

第二，从三个时段分阶段来看，*TFP* 均值不断增大，技术进步均值从 1.025 下降到 0.971，技术效率均值从 0.958 上升到 1.037，其中纯技术效率均值从 1.000 下降到 0.958，规模效率均值从 0.958 上升到 1.083。表明近年来技术进步有所下降，技术效率不断提升，*TFP* 的增长主要是由于技术效率的改善。

第三，中国 13 个主要蚕茧生产省份生产效率差异较大。结果表明，“东桑西移”政策着实推进中西部地区成为我国桑蚕生产的优势区域。

“东桑西移”政策实施后，尤其是2010年以来，中部和西部地区*TFP*均值都高于东部地区。2010—2014年较2006—2010年，东部地区技术效率有所提高，技术进步则表现为下降，*TFP*表现为降低；中部地区和西部地区技术效率明显改善，对*TFP*的提升发挥了明显作用。因此，尽管目前中西部地区在技术效率和技术进步方面仍有所欠缺，但是正处于不断改善的状态中。

第三节　本章小结

1. 伴随着桑蚕产业空间格局演变，我国桑蚕产业区域比较优势也在相应变化。以广西、云南为代表的新兴产区，通过推广蚕种新品种、增加桑园种植面积，已经积累起了比较强的比较优势。尽管浙江等传统产区还保持着单位生产效率的优势，但已经积累起比较优势的新兴产区已经成为确保我国在茧丝绸行业的传统优势地位的关键。

2. 2006—2015年*TFP*均值总体呈现在波动中趋于稳定的特点，上下波动幅度减小。从对*TFP*的分解来看，技术效率在波动中趋于增大，技术进步年际间变化较大；从三个时段分阶段来看，*TFP*均值不断增大，技术进步均值从1.025下降到0.971，技术效率均值从0.958上升到1.037，其中纯技术效率均值从1.000下降到0.958，规模效率均值从0.958上升到1.083。表明近年来技术进步有所下降，技术效率不断提升，*TFP*的增长主要是由于技术效率的改善。

3. 2006年以来，中国桑蚕生产的全要素生产率在波动中趋于稳定，其中技术效率在波动中趋于增大，技术进步年际间变化较大。从区域来看，2003—2015年中西部蚕区的全要素生产率增长快于东部地区，“东桑西移”工程对推动中西部蚕区技术效率有积极作用。

第六章　我国桑蚕产业空间格局优化分析

全国桑蚕产业的空间格局在深化发展，呈现明显的“东桑西移”为特征的梯度转移态势，产业生产明显出现向西部和中部地区转移的现象。“逐步提升中部、适度发展西部、优化巩固东部、确保产需平衡”，是这几年我国蚕桑主产区的布局原则。未来我国桑蚕产业空间格局是否将继续延续这个原则、趋势，是否有向好调整的需求和可能，如果需要，其优化的目标和路径如何，是本章需要解决的问题。

第一节　我国桑蚕产业空间格局优化的 SWOT 分析

SWOT 分析方法，是著名的竞争战略专家迈克尔·波特提出的竞争理论的内容。其中，“S”指的是优势（Strengths），“W”指的是劣势（Weaknesses），“O”指的是机会（Opportunities），“T”指的是 Threats（威胁）。SWOT 分析主要涉及内部因素（SW）和外部因素（OT）的分析。具体来说，就是系统地分析研究对象的机会、风险、优势和劣势，然后对各个维度的因素进行矩阵排列，找到哪些因素是不利于研究对象的，有哪些可行的解决方案，从而得出相应的分析结果，有助于进行进一步的决策，并且找到研究对象的发展方向。基于这样的分析，企业会发现哪些是这个企业能够做的（主要通过研究企业的优势和劣势得到），发现哪些是可能做的（主要通过研究企业在外部环境中的发展机会和面临的威胁得到），并制定适合自己发展的战略。

在产业技术路线图制定过程中，对产业现状及地位进行分析，可采用 SWOT 进行分析。此外，在丝绸产业技术路线图的制定过程中采用问卷、走访等形式对我国丝绸企业及丝绸产业技术人员进行市场需求调查获得第一手数据；运用头脑风暴法、SWOT 分析法、德尔菲法等科学方法对调查获得的数据进行分析研究。

一、机会

桑蚕养殖发展的外界因素中对桑蚕发展有促进作用的因素一般会被叫做该产业进步的机遇。桑蚕产业在我国有悠久的历史，且在不同的时代，国家都通过制定相应的政策来促进桑蚕产业的发展。在《管子·山权数》中写道："民之通于桑蚕，使蚕不疾病者，皆置之黄金一斤，直食八石。"这说明在古代国家君王对重视桑蚕产业的发展，是传统文化历史继承，也是绿色低碳持续发展的新要求，战略方针。在新时代的中国，党和政府能够充分认识桑蚕产业在供给侧结构性改革、促进农民增收和脱贫攻坚、生态保护等方面的积极作用，会持续地给予政策支持，这些构成我国桑蚕产业发展面临的机会。

1. 党中央历来高度重视桑蚕产业发展

2013 年，源于古代陆地丝绸之路和海上丝绸之路的灵感，习近平总书记提出新时代"一带一路"倡议，并逐渐提升到我国发展战略的高度。"一带一路"政策有利于进一步推进我国桑蚕产业空间格局"东桑西移"的优化，促进我国桑蚕产业的国际和国内发展，进一步挖掘市场发展空间。同时，桑蚕产业西移，对于西部地区生态环境保护、农民增收、脱贫攻坚具有重要的促进作用。所以国家"东桑西移"工程实施十年来，国家依然对底部地区承接、发展桑蚕产业大力支持。同时，在"一带一路"倡议背景下，更多丝绸企业将扩大国家间合作、积极走出去，也有利于带动国内桑蚕产业发展。党的十九大提出"乡村振兴"战略，桑蚕产业发展对经济欠发达地区农民增收、产业发展、扶贫攻坚等都具有重要意义。因而，"乡村振兴"战略的实施，这为桑蚕业发展也有积极促进作用。

2. 新的有利政策措施继续实施

随着国家供给侧结构性改革的稳步推进，不断出台一些新的政策，推动桑蚕产业稳步发展。例如"营改增"改革全面推进，多个地区已经明确，将蚕茧、生丝纳入扩大农产品增值税进项税额核定扣除试点；2016 年，国务院印发《关于促进外贸回稳向好的若干意见》，促进外贸创新发展，努力实现外贸回稳向好；商务部发布《茧丝绸行业"十三五"发展纲要》，为行业发展指明方向，研究加大对行业支持力度。这几年的中央1号文件继续提出，实施优势特色农业提质增效行动计划，促进蚕桑产业提档升级。

3. 西部主产省份高度重视发展桑蚕产业

这几年，广西、云南、四川等西部省份及不少市县，持续加大对桑蚕产业的支持力度，实施各项惠农政策。例如广西壮族自治区将桑蚕产业列为“十三五”现代农业产业，将加大蚕桑资源的开发力度（乐波灵等，2016）。四川省也将桑蚕产业作为“十三五”期间的现代农业发展内容之一，对桑蚕产业进行结构转型升级。

4. 最终产品需求前景广阔

随着经济社会的发展，人们对服装等消费习惯的改变，对蚕丝质类物品的需求将进一步增强。蚕丝的生产消费过程无任何污染，是世界享有盛誉的高端产品。随着桑蚕产业综合开发利用的深入发展与广泛推广，丝绸商品消费领域将更加广阔，桑蚕产业将取得更高的经济效益、社会效益和生态效益。此外，丝绸商品具有天然、绿色、无污染、多功能的特点，随着人们消费水平和生活品位的不断提高，加上丝绸产品结构的调整，大量适销对路丝绸新品种逐步投放市场，丝绸商品将吸引越来越多的消费者。我国 APEC 会议期间，大量的唐装产品，印度的莎莉、意大利的丝绸产品，引发了丝绸消费者的购买热潮。

5. 内需强劲且潜力巨大

从2016年的情况看，全国50家丝绸样本企业内销额为44.75亿元，较上年上升2.1%。除2月受春节假期影响大幅下降外，其余各月份内销额波动较小。从国家宏观面来看，2017年，我国国内生产总值增长6.9%，居民收入增长7.3%，增速均比上年有所加快；工业增速回升，企业利润增长21%；财政收入增长7.4%，扭转了增速放缓态势；进出口增长14.2%，实际使用外资1 363亿美元，创历史新高。经济运行保持了总体平稳、稳中有进、稳中提质的发展态势。消费贡献率由54.9%提高到58.8%，服务业比重从45.3%上升到51.6%，成为经济增长主动力。随着经济稳定增长及居民收入水平不断提高，消费者对产品品质的需求将有所上升，对丝绸商品消费能力的提升，将引致桑蚕产业快速发展。

6. 符合国家生态文明建设和美丽中国建设的需要

桑树本身不占用良田，可以保持水土，通过采摘桑叶养蚕可以提高农民收入。种桑养蚕不仅具有较好的经济和生态效益，社会效应也很明显。桑树在净化空气，保持水土和改良环境方面具有一定作用，其强抗逆性使得种植覆盖面更大。桑树已经成为土壤改良治理，植被恢复、碱地治理、矿山修复、消落带治理等的主要树种之一（秦检等，2010）。

二、风险

1. 桑蚕产业生产出现明显波动

近年来，茧丝市场行情持续低迷、栽桑养蚕比较效益下降，加之劳动力成本上涨、桑蚕生产劳动强度大等原因，全国桑园面积连续 4 年下降。以 2016 年为例，全国桑园面积 1189.51 万亩，较上年减少 42.45 万亩，下降 3.4%。全国七成以上地区桑园面积出现不同程度下降，其中山西降幅最大，达 55.8%，其次河北较上年下降 19.6%。桑园面积下降，直接导致自 2012 年以来，全国蚕茧产量已连续 5 年小幅下降。受终端消费市场不旺、桑园面积减少、部分地区出现极端天气等因素综合影响，2016 年春茧产量较上年同期下滑超过一成。

2. 出口市场相对集中，出口额持续下降

自国际金融危机爆发以来，各国经济持续不能走出低迷，带动国际消费需求持续低迷。在此影响下，我国真丝绸商品出口额连续三年下降。据海关统计数据，2016 年真丝绸商品出口额 29.22 亿美元，同比下降 4.8%，降幅较上年扩大 4.4 个百分点。从出口各大洲分布看，2016 年，亚洲、欧洲和北美洲仍是我国主要出口市场，尽管对大洋洲、非洲的出口有所增加，但对亚洲、北美洲、欧洲地区的出口额均大幅减少。分国别看，茧丝绸出口仍以传统出口国家和地区为主，对美国、印度、意大利、巴基斯坦和中国香港的出口占到出口额的近一半。

3. 国际市场竞争进一步加剧

这两年，全球贸易格局将更加复杂，我国外贸面临的压力和不确定性因素增加：一是外需持续低迷。世界经济不确定性因素增强，主要经济体动力缺乏，国际贸易增长显著放缓，新兴经济体市场消费增长有限。二是贸易保护主义抬头。“逆全球化”升温、国际贸易投资环境恶化，不断刺激各国实施贸易保护措施，由此导致国际多边贸易体制维系举步维艰，贸易摩擦加大。三是对外贸易竞争激烈。泰国、柬埔寨、越南、印度、巴基斯坦等东南亚、南亚国家加大对纺织行业扶持，鼓励本国发展桑蚕养殖及丝织产业，加上其劳动力充裕、生产成本低，桑蚕产业和订单出现转移，对我国出口市场份额造成一定影响。中国虽已成为全球桑蚕产业生产加工、研发设计、贸易流通的重要中心，但近年来印度、泰国、越南、朝鲜、乌兹别克斯坦等国凭借劳动力、土地等自然资源优势，加上政府政策支持推动，其茧桑蚕产业发展迅速，预计未来对我国丝绸产品出口将带来一定的冲击；印度利用国际蚕业委员会主办国地位和语言优势，在国际茧丝绸界具有重要的话语权，作为世界上最大的生丝进口国，印度还经常对我国出口印度的生丝实施反倾销调查。以意大利、法国为代表的欧洲丝绸高端面料服装，在丝绸产品设计和市场营销方面具有明显的竞争优势，美洲国家巴西蚕茧和生丝质量在国际市场长期享有较高的声誉，已成为国内丝绸企业出口不可忽视的潜在竞争对手。美国、日本等发达国家经济体作为世界丝绸主要消费国，是我国丝绸产品出口重要市场，但自 2008 年全球金融危机以来，我国丝绸对其出口额呈逐年下降趋势。加之受原材料价格上涨、人民币升值、出口退税下调、银根紧缩、贷款难和融资成本上升、出口丝绸产品的贸易壁垒和“绿色壁垒”加剧等一系列不利因素影响，国际丝绸市场疲软局面在短时间内仍难以得到扭转。

4. 替代产品对蚕桑产业发展造成一定冲击

作为纺织行业的分支之一，它有不少替代品，如棉、麻、化学纤维。从工业生产看，随着纺织科技的飞速发展，化纤仿真技术的不断突破，蚕丝纤维受到激烈竞争与挑战，2016 年茧丝原料价格大涨，将促使企业加大多元化纺织纤维供给，替代效应加剧。从消费需求看，传统纯真丝面料受价格高、保养和护理困难等制约，需求主要集中在高端品牌，随着丝绸大众消费的兴起，市场对新工艺、混纺交织制品需求加大，丝绸制品面临外观和手感接近丝绸制品的替代品的挑战。

5. 节能减排压力加大

近年来，国家环保政策密集出台，管控督察力度持续加大，对纺织行业节能及污染物减排的标准要求不断提升，各省级地市也相继出台地方政策。《纺织工业发展规划（2016—2020 年）》提出，到 2020 年，纺织单位工业增加值能耗累计下降 18%，单位工业增加值取水下降 23%，主要污染物排放总量下降 10%。2016 年下半年，中央环保督察组对 15 个省(市)进行督察，江苏、浙江等纺织印染加工业企业集中地区环保整治措施持续升级。在此情况下，丝绸企业，特别是印染、缫丝等环节企业短期内节能环保改造任务较重，企业需要增加环保投资，并不断加快绿色环保型产品开发。

三、优势

1. 我国桑蚕产业源远流长，底蕴深厚

种桑养蚕是我国的传统优势行业，也是男耕女织文化的重要组成，蚕桑文化是我国传统农业文明的重要构成。无论是在传统的农桑并举的生产模式下，还是现如今，蚕丝产业对于很多地方的经济发展和农民增收来说都起着举足轻重的作用。大力发展桑蚕养殖不仅可以带动农村居民的收入增长，更引领了更多数量的乡镇丝绸公司的发展，这两者都可以促进农村经济得到稳步发展，养蚕也成为支撑当地经济发展和农民增收的支柱产业。

2. 桑蚕产业科技进步持续提速

在科技的推动下，“家蚕基因组图”等原创性成果处于世界桑蚕研究的领军地位。“十二五”期间，我国蚕桑丝绸研究取得重要进展，SCI 文章发表数量、质量居于国际同行业先进水平。其中，应用冷冻电镜对家蚕质型多角体病毒的研究在 *Nature* 杂志上的发表，是继我国在 *Science* 杂志上发表关于家蚕基因组研究后的又一重要成果。全行业先后获得省部级以上科技奖励 73 项。其中，“家蚕基因组的功能研究”获得国家自然科学二等奖、“丝胶回收与综合利用关键技术及产业化”获得国家科技进步二等奖。“十二五”期间，先后完成了桑树基因组、EST 和蛋白质测序，家蚕微孢子虫全基因组和转录组测序等，冷冻电镜近原子分辨率结构的家蚕质型多角体病毒转录研究已达到国际领先水平；在 *Nature*、*PNAS*、*Nature Communication* 和 *eLife* 等国际著名刊物发表了相关研究论文，标志中国蚕桑基础研究在国际上居于领先地位。

3. 桑蚕产业产品的多样化可能性大

桑蚕产业具有显著的循环经济特色，桑、蚕、丝浑身是“宝”，桑

叶、桑果、桑条、蚕蛹、蚕沙均可物尽其用。随着综合开发利用水平的提高，蚕茧丝在医学、化学、农业和食品等领域价值发挥很大，在一些高档化妆品、新型食品、医药素材等表现出很好的市场前景。在20世纪初，结合生物、信息和材料技术的综合应用将更加普及，未来20年内，桑蚕产业将迎来新的发展春天。

4. 我国适应桑蚕产业的区域较为广阔

我国国土辽阔，地理条件差异较大，有平原、丘陵、山区，形成各具特色的种养方法。由于地域宽广，气候条件差异也较大，南方和北方、多雨和干旱地带形成了各有特色的桑蚕和茧丝产品。还可以挖掘利用各种不适宜种植粮棉等土地的生产潜力。发展蚕桑生产，既要考虑桑树高产性能的发挥，又要选择有利环境，使蚕与桑对生态条件的要求均能兼顾，这才是今后发展蚕桑可供选择的、最理想、最适宜的地区。研究表明，蚕业对自然资源破坏少，环境压力小，是我国优良的生态农业，其生态价值必将日趋凸现。发展蚕桑生产，首先要有适合蚕、桑生长的良好的生长环境。不仅要考虑桑树高产高性能，还得考虑养蚕的生态环境，两者兼顾才能寻找到何时得桑蚕发展的适宜区域。气候是影响蚕、桑生长的主要因素之一。高声鹏等（2013）指出温度的高低、降水的多少、光照的长短、风量和风速的大小和霜冻显著的影响的柞蚕的生长发育状况和产量。气候变化易导致桑田病虫害增加，使春蚕、中秋蚕大蚕期“高温”风险加大(陈爱玉等，2011)。我国地域分布较广，生态环境条件差异明显，不同地区种养方法不尽相同，因此也形成了不同特点各具各色的桑蚕蚕丝产品。中国东南区域空气湿润，降水量充沛，地表径流丰富。亚热带地区大于等于10℃的积温均在5 000℃以上，年降水量在1 000毫米以上，无霜期在210天以上，能够很好满足桑树的生长要求，因此桑树在南方亚热带地区有较大的增产空间，这个地区桑蚕产业发展相对较快。养蚕则需要在凉爽和昼夜温差大的地区，只要技术和设备能够满足，均能够生产高产优质。概言之，南方的生态环境条件，有利于桑树高产性能的发挥，北方的生态环境条件有利于养蚕优质高产成绩的获得。

四、劣势

1. 蚕桑生产方式相对落后

我国桑蚕生产目前大部分仍以传统的小规模家庭经营为主，规模化集约化程度不高，现代设施应用少，机械装备水平低，生产劳动强度大、效率低、收益少。蚕桑生产方式落后，导致桑蚕生产基础不稳固，加上城市化、工业化引起桑园面积减少、劳动力流失，部分桑园存在弃管弃养的现象。此外，受环境变化、技术管理、品种本身遗传特性改变等因素影响，蚕桑品种存在退化问题，优质蚕茧数量和质量下降，已逐步影响到生丝、绸缎等下游高端产品的质量提高。

2. 要素成本逐年上升

伴随工业化、城镇化的推进和服务业的发展，我国劳动力、土地、资金等生产要素成本快速上升，并逐年增加。据全国农产品成本收益资料汇编数据，蚕农养蚕的生产成本不断增加，现金收益近年有所下降，2015年桑蚕茧每亩现金成本较2010年上升26.6%，现金收益较2013年高点时下降19.3%。此外，由于茧桑蚕产业生产周期长、流动资金占用大、利润率低，茧丝绸企业普遍存在融资难、融资贵的问题，企业融资成本持续抬升也对企业发展造成影响。

3. 后端加工工业需要提质增效

与化纤、棉纺等纤维相比，茧丝绸工业全流程生产自动化、智能化程度较低，如缫丝机已多年未改进，劳动力需求仍然较高，新技术、新材料、新工艺等在缫丝设备和工艺中运用不足，加之原料、人工、环保等成本不断上升，丝绸工业企业生产成本压力不断加大。据统计局数据，2016年全国规模以上丝绸工业企业中12.3%存在亏损，提高品质、增加效益、提升工业制造水平将持续成为行业发展的关键。

4. 终端产品研发设计不足

目前，丝绸终端商品仍主要集中在传统的丝绸服装服饰、丝绸家纺等方面，满足消费升级需求、适应“快时尚”潮流的丝绸面料、服装新品种、新产品开发不足，丝绸工艺品、家装、医药、化妆品等文化创意及高新技术方面的开发应用较少。与意大利、法国等国相比，丝绸创意设计、引领潮流能力仍有差距，同质化竞争严重，对国内外市场的有效供给不足，难以满足日益增长变化的消费者需求。在外销市场，我国丝绸产品缺乏自主品牌优势，出口产品仍以代工为主，市场替代性很高，品牌附加值较低。

5. 行业机制体制改革不容客观

桑蚕行业现行管理分割，依然带有浓厚的计划经济色彩，与市场经济不相适应，相关部门管理条块分割，利益联结机制受限，价格传导机制不畅，导致蚕丝价格起伏大，普通农民和一般企业抵御风险能力不强。行业监管和诚信机制尚未建立，自动化程度也不高，整体影响技术、管理和商业模式的改革创新。农村劳动力向城市转移，影响茧丝生产基地稳定。随着工业化和城市化的推进，劳动力非农化和老龄化导致劳动力紧缺，桑蚕产业与大农业相比，其生产经营方式落后，生产效率低，省力化机械与技术进步缓慢，规模化程度低，种桑养蚕的比较效益下降。本质上如果无法改变桑蚕的生产方式，进一步提升生产规模和效率，“十三五”时期，桑蚕产业也将面临效益下行，优势锐减，原料供应不稳的突出问题。

6. 研发教育投入不够，成果转化效益较低

当前我国在国际市场上具有竞争力的产品如茧丝绸是难得的产品，生丝生产量和出口量占世界的80%以上，但是政府对蚕桑桑蚕产业投入不足。目前唯一的国家级蚕桑研究所已经下放；相关大学经合并后，蚕桑丝绸专业学生数急剧下降，造成行业科技人员紧缺，而各研发教育机构以SCI论文作为晋级评价标准，致使一线蚕桑丝绸技术人才尤为缺乏。而印度的生丝产量仅相当于中国产量的23%，却大力投资蚕桑桑蚕产业，在全国各地组建了11个国家级的研究及推广中心，积极培训茧丝绸人才，2014年印度政府投入茧丝绸研发推广经费达到7.85亿元人民币。受我国茧桑蚕产业长期实行计划经济影响，茧丝绸行业技术体系相对封闭，蚕桑、丝绸研究人员互动交流少；存在科研与生产脱节、研究项目重复、科研装备落后、项目成果多而散等方面的问题，使得整体成果转化效益较低。

7. 技术瓶颈突破任重道远

如在生产环节，技术仍然以劳动密集生产为主，机械化、电气化、自动化、省力化进展迟缓，导致蚕桑生产规模化、集约化水平与水稻等大农业差距较大，比较经济效益降低；在丝绸生产环节，缫丝技术进步不大，节能减排技术有待进一步提高，关键技术装备落后，整体技术装备水平与世界先进水平仍有较大差距，新兴生产技术和设备仍依赖进口，后染整技术、产品设计、品牌营销落后，导致丝绸生产技术水平与大纺织比较落后很大，与意大利、法国等先进丝绸产品生产国差距较大，丝绸产品附加值难以提升。海关统计数据显示，“十二五”我国进口丝绸制成品 7.8 亿美元，制成品进口占比较“十一五”上升了 29.89 个百分点，进一步分析显示这些丝绸制品的 60.73%来自欧盟。说明欧洲丝绸产品以其设计、品牌、营销优势在中国高端丝绸市场占有重要地位，而中国丝绸产品供给侧无论在产品花色、质量方面仍需要大力提升，才能不断满足国内日益增长的对高端丝绸产品的消费需求。

第二节　中国桑蚕产业空间优化方案设计

一、蚕桑优势区的判定标准

发展桑蚕产业的区域必须具有一定的自然条件、生产基础、经济条件和技术条件。只有具备这些条件，才能使这些地区在国际竞争的条件下保证我国桑蚕产业具有比较优势的竞争地位。

1. 生态条件适宜

生态条件是发展桑蚕产业的自然基础。优势区应具备蚕桑生产所需的适宜生态条件。目前，我国广西、湖南、云南等地的气候条件非常适合种桑养蚕。

2. 规模优势

养殖户的经营规模与桑蚕产业的发展程度呈显著的正相关关系（肖建清和张建成，2016）。因此，桑蚕产业的优势区域应具有≥2 000 公顷的桑园面积，年发种量≥5 万张，年蚕茧产量≥ 1 500 吨，10 亩以上连片桑园占桑园总面积的比例≥50%，年产蚕茧 100 千克以上农户占养蚕农户总数的比例≥50%。

3. 区域比较优势

符合区域分工，有利于发挥比较优势，形成优势互补的农业区域格局。

4. 具备一定产业基础

桑蚕产业优势区应将种桑养蚕纳入省级茧丝绸行业发展规划和本地区经济发展规划之中，当地农民有种养习惯和发展的积极性。蚕茧生产相应配套的生产技术、销售网络和加工龙头企业。

二、桑蚕产业区域优势评价方法体系

1. 指标体系设置原则

指标体系构建是桑蚕优势区确立研究过程当中基础又重要的工作，它关系到优势区选取结果的科学性。指标系统构建的基本依据：

（1）科学性原则　评价指标概念必须明确，具有特定的科学内涵，能够客观反映地区桑蚕产业发展的某些方面；测度指标体系作为一个有机整体，应该比较系统全面地反映地区桑蚕产业发展的主要特征和发展状况。

（2）独立性原则　在构建评价指标体系过程中，要注意交叉信息的剔除，选择具有代表性和独立性较强的指标，提高评价的精度。

（3）重要性原则　评价指标设置不宜过多、过繁，即要选取与农业区域协调发展紧密相关的指标。

（4）操作性原则　评价指标选择应尽可能定量化，同时考虑评价指标所需相关资料信息的可获得性。

2. 指标体系的设置

在已有文献研究的基础上，结合专家意见，构建了桑蚕产业优势度指标体系（表6-1）。该指标体系划分为3个层次，第一层次（即目标层）是桑蚕产业优势度A，第二层次（即系统层）初步分解为规模优势B1、效率优势B2、产业优势B3等3个截面，第三层次（即变量层）是对第二层次各截面的进一步分解和描述。其中，规模优势系统包括桑园面积、蚕茧产量、桑蚕生产劳动力数和规模优势指数等4个指标，综合反映本地区桑蚕生产的规模优势；效率优势系统包括单位面积桑园蚕茧产量、单位面积桑园蚕茧产值、桑蚕生产劳均产值和效率比较优势指数等4个指标，综合反映本地区桑蚕产业的生产效率；产业优势系统包括2013—2015年桑蚕鲜茧均价、规模以上桑蚕加工企业数、蚕桑专业推广和科研人员数、综合比较优势指数等4个指标，综合反映本地区桑蚕全产业链的优势。

表 6-1 桑蚕产业优势度评价指标体系

Tab. 6-1 The dominance index of silkworm industry

目标层	系统层	变量层	单位	极性
桑蚕产业优势度 A	规模优势 B1	桑园面积 C1	亩	+
		蚕茧产量 C2	吨	+
		桑蚕生产劳动力数 C3	人	+
		规模优势指数 C4	-	+
	效率优势 B2	单位面积桑园蚕茧产量 C5	千克	+
		单位面积桑园蚕茧产值 C6	元	+
		劳均产值 C7	元	+
		效率比较优势指数 C8	-	+
	产业优势 B3	近三年桑蚕鲜茧均价 C9	元/千克	+
		规模以上桑蚕加工企业数 C10	个	+
		蚕桑专业推广和科研人员数 C11	人	+
		综合比较优势指数 C12	-	+

注：①规模以上加工企业是指年产值 1 000 万元以上加工企业；②规模优势指数、效率优势指数和综合比较优势指数计算公式详见第四章

3. 指标权重的确定

（1）指标正向化及标准化处理　由于不同指标的衡量单位不统一，在进行指标加总前有必要对各指标进行标准化处理。本报告考虑使用离差标准化方法（min-max）对指标进行标准化处理。

对于正向指标（指标越大表示越可持续），其标准化公式为：

$$I = \frac{I_0 - I_{min}}{I_{max} - I_{min}} \tag{6-1}$$

式中，I 为标准化后的指标值，I 为实际观测到的指标值，I_{min} 和 I_{max} 分别为该指标的最小值和最大值。

对于负向指标（指标越小表示越可持续），其标准化公式则为：

$$I = \frac{I_0 - I_{max}}{I_{min} - I_{max}} \tag{6-2}$$

最终经过标准化的指标值域位于 0 和 1 之间，其中 $I = 0$ 代表完全无优势状态，$I = 1$ 代表最具优势状态。

（2）层次分析方法　层次分析方法（Analytic Hierarchy Process，简称AHP法）是美国运筹学家Saaty于世纪年代提出的，是一种将定性分析和定量分析相结合的多目标决策方法。层次分析法可以对有关专家的经验判断进行量化，将定性、定量的方法有机结合起来，用数值衡量方案差异，使决策者对复杂对象的决策思维过程条理化。该方法特别适用于对目标结构复杂且缺乏必要数据的多目标多准则的系统进行分析评价。主要步骤如下：

①构建层次模型，确立系统的递阶层次关系。根据具体问题，一般将评价系统分为目标层、准则层和指标层。依照桑蚕产业优势度评价指标体系，其评价层次模型从低到高依次为指标层、准则亚层、准则层和目标层（表6-2）。

$$T=\begin{bmatrix} 1 & t_{12} & t_{13} & \cdots & t_{1n} \\ 1/t_{12} & 1 & t_{23} & \cdots & t_{2n} \\ 1/t_{13} & 1/t_{23} & 1 & \cdots & t_{3n} \\ \vdots & \vdots & \vdots & \cdots & \vdots \\ \vdots & \vdots & \vdots & \cdots & \vdots \\ 1/t_{1n} & 1/t_{2n} & 1/t_{3n} & \cdots & 1 \end{bmatrix} \tag{6-3}$$

表6-2　APH法的标度原则

Tab. 6-2　The scaling principle of APH method

标度 t_{ij}	含义
1	i指标与j指标相同重要
3	i指标与j指标略重要
5	i指标与j指标较重要
7	i指标与j指标非常重要
9	i指标与j指标绝对重要
2，4，6，8	为以上两个判断之间的中间状态对应的标度值
倒数	若j指标与i指标，其标度值 $t_{ji}=1/t_{ij}$，$t_{ii}=1$

②构造判断矩阵，判断指标相对权重。对同一层次的各个元素关于上一层次中的某一准则的重要性进行两两比较，构造判断矩阵。判断矩阵的

构造是多目标投标决策层次分析法的关键，它直接反映了以决策人立场审视各决策准则对同一目标的相对重要性，判断矩阵构造的是否科学、实际和准确直接决定了决策的可靠性和准确性。所构造的判断矩阵为，其标度原则见表 6-2（罗其友等，1999）。

③求解判断矩阵的最大特征值 λ_{max} 和特征向量 W，并进行一致性检验。当且仅当判断矩阵具有唯一非零 $\lambda_1 = \lambda_{max} = n$ 时，该矩阵具有完全一致性，否则存在偏差。当不完全一致性时，就需要对判断矩阵的一致性进行检验，其检验公式为：

$$CR = CI/RI \quad (6-4)$$

式中，CR（Consistency Ratio）是判断矩阵一致性检验指标为随机一致性比率；CI（Consistency Index）是判断矩阵偏离一致性指标取平均值，其值等为 $CI = [(\lambda_{max} - n)/(n - 1)]$；$RI$（Random Index）是判断矩阵随机一致性标准，Saaty 对 RI 的取值作了规定，见表 6-3。

判断矩阵一致性标准是：若 $CR < 0.10$，则认为判断矩阵具有满意一致性；否则要进行调整判断矩阵。

表 6-3　平均随机一致性指标 *RI*

Tab 6-3　The average random consistency index

W 的阶数	1	2	3	4	5	6	7	8	9
RI 值	0.00	0.00	0.58	0.90	1.12	1.24	1.32	1.41	1.45

④确定相应权重。求出特征向量集 $W = \{W_1, W_2, \cdots, W_m\}$，对于其上一层指标集 $F = \{F^{(1)}, F^{(2)}, \cdots, F^{(n)}\}$ 中各单个因素 $F^{(i)}$ 的权重 $W_j^i(i = 1, 2, \cdots, n; j = 1, 2, \cdots, m)$ 以及 F 中各指标对于决策层的权重 $a_1, a_2, \cdots, a_n$ 则按下式

$$W_j = \sum_{i=1}^{n} a_i W_j^i (i = 1, 2, \cdots, n; j = 1, 2, \cdots, m) \quad (6-5)$$

求出集 W 对决策层的相对权重 $(W_1, W_2, \cdots, W_N)$。

（3）主成分分析　主成分分析（Principal Components Analysis，PCA）是一种简化数据集的技术。它是一个线性变换。这个变换把数据变换到一个新的坐标系统中，使得任何数据投影的第一大方差在第一个坐标（称为

第一主成分）上，第二大方差在第二个坐标（第二主成分）上，依次类推。主成分分析经常用减少数据集的维数，同时保持数据集的对方差贡献最大的特征。这是通过保留低阶主成分，忽略高阶主成分做到的，这样低阶成分往往能够保留住数据的最重要方面。主要步骤如下：

①原始指标数据进行标准化，得到标准化阵 Z 。

②对标准化阵 Z 求相关系数矩阵

$$R = [r_{ij}]_{p}xp = \frac{Z^{T}Z}{n-1} \tag{6-6}$$

式中，$r_{ij} = \frac{\sum z_{kj} \cdot z_{ki}}{n-1}(i, j = 1, 2, \cdots, p)$

③解样本相关矩阵 R 的特征方程 $|R - \lambda I_p| = 0$，得到 p 各特征根，确定主成分。

按 $\frac{\sum_{j=1}^{m} \lambda_j}{\sum_{j=1}^{p} \lambda_j} \geq 0.85$ 确定 m 值，使信息的利用率达 85%以上，对每个 $\lambda_j(j = 1, 2, \cdots, m)$，解方程组 $Rb = \lambda_j b$ 得单位特征向量 b_j^o 。

④将标准化后的指标变量转换为主成分

$$U_{ij} = z_i^T b_j^o \ (j = 1, 2, \cdots, m) \tag{6-7}$$

式中，U_1 称为第一主成分，U_2 为第二主成分，U_p 为第 p 主成分。

⑤对 m 个主成分进行综合评价。对 m 各主成分进行加权求和，即得最终评价值，权数为每个主成分的方差贡献率。

本研究采用 SPSS 统计软件进行主成分分析，并求得各指标的权重。

（4）组合权重模型　由于影响桑蚕产业优势的因素众多且复杂，使得单一评价模型通常都不能满足要求。单一的评价方法所包含的有用信息有限，使得评价结果往往某方面因素的影响过大，从而影响评价结果的科学性和客观性。组合权重模型综合了主观赋权法和客观赋权法，将两类方法的结果有机结合，其权重值能更全面地反映评价指标的本质，也可弥补单一评价方法不准确的缺陷，减少风险性。具体模型如下：

$$W = tW_1 + (1-t)W_2 \tag{6-8}$$

式中，W_1 是层次分析方法得到的权重向量，W_2 是主成分分析得到的权重向量。

且，令 $t=\frac{n}{n-1}G_1$，G_1 为层次分析法得到的权重向量中各分量的差异系数

$$G_1=\frac{2}{n}(p_1+2p_2+\cdots+np_n)-\frac{n+1}{n} \tag{6-9}$$

式中，n 为指标个数，p_1，p_2，…，p_n 为 W_1 中各分量从小到大的重新排序。

因此，当 W_1 中各分量之间差距不大时，t 值较小，而当 W_1 中各分量之间差距较大时，t 值也较大，科学地反映了主观赋权法和客观赋权法之间的关系。

4. 综合评价模型

在建立了评价指标体系之后，必须对这些指标进行综合评判，本文研究采用线性模型进行综合评价，计算公式如下：

$$A=\sum_{i=1}^{n}\alpha_i C_i \tag{6-10}$$

式中，A 为桑蚕产业优势度，n 为变量层选取的具体指标数，α_i（i=1，2，…，n）为第 i 个指标的权重，C_i为第 i 个指标的标准化值。

5. 数据来源

桑蚕产业区域优势指标体系中的绝大部分数据来自《新中国 60 年蚕桑生产情况资料汇编》《中国农业统计资料》及各省统计年鉴，规模以上（年产值 1 000 万）桑蚕加工企业数、蚕桑专业推广和科研人员数来自农业农村部行业统计数据、近三年（2013—2015 年）桑蚕鲜茧均价来自商务部（国家茧丝绸协调办公室）行业统计数据。

三、我国桑蚕产业空间格局优化方案

通过计算县级桑蚕产业优势度，以优势度排分靠前的 30%县为桑蚕产业空间格局优化的重点，划分了全国 4 大桑蚕产业优势区，即华东优势区、华南优势区、西南优势区和北方优势区（图 6–1 和表 6–4）。

1. 华东优势区

该区域分布于江苏、浙江、山东、安徽、湖北等五省，优势产区主要集中在苏北平原、杭嘉湖平原、浙西山区、胶东半岛、鲁西南山区与鲁西

北平原；安徽优势产区主要集中在皖西和皖南山区；湖北主要在鄂西、鄂西北和鄂西南山区。该区域产业发展历史较长，有健全的产业体系，相对较高技术水平，桑园基本集中连片，是优质蚕茧产区。2011—2015 年浙江省和江苏省桑蚕生产呈缩减的趋势，至 2015 年，两省的蚕茧产量分别占全国的 5.58% 和 7.70%。山东和安徽两省蚕茧产量基本稳定，占 3.01%和 2.66%（封槐松等，2016）。

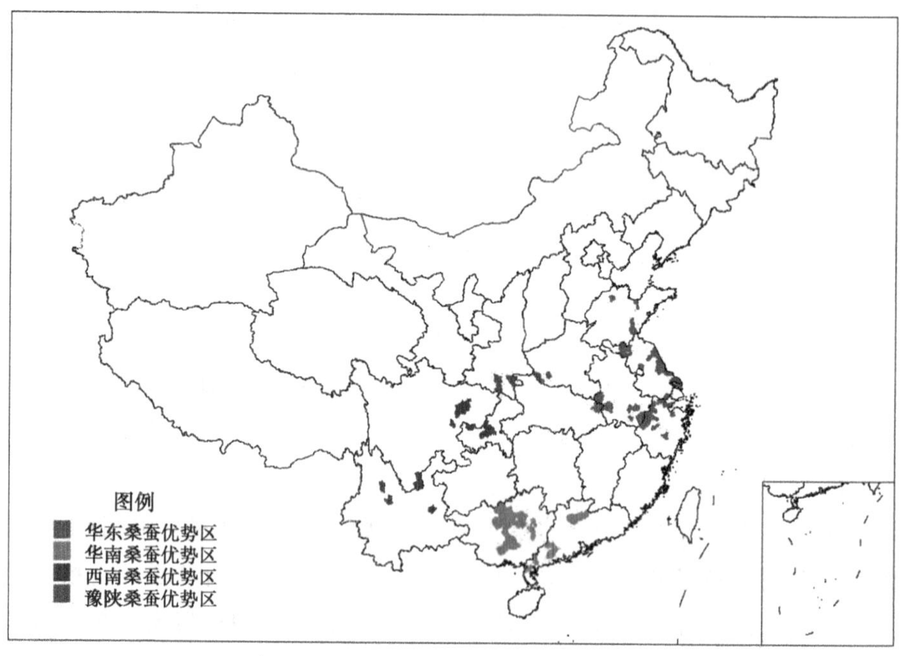

图 6-1　桑蚕优势区分布示意图

Fig. 6-1　Distribution of silkworm dominant areas

尽管近年江苏省和浙江省蚕茧产量呈下降趋势，但其在我国桑蚕产业中仍具有重要的地位。江苏省将进一步提将桑蚕产业主要放在东部地区：东台、海安、如皋、射阳、如东、睢宁、铜山、大丰和亭湖区。浙江省仍需要稳定以嘉湖为主的老一代桑蚕产业区，进一步发展临安、富阳、建德等浙西等生产区的生产规模、机械化程度，使其形成更有竞争力的一个浙江地区蚕桑生产基地。山东省 50%的桑园和蚕茧集中在泰安和日照两市（郭光等，2014）。山东省应集中精力发展泰安和日照两市的桑蚕产业，集中、扩大经营模式，开发多元化桑蚕品种资源，建立适应山东蚕桑生产区的病虫害防治技术体系，提高蚕桑资源的综合利用效率。安徽省皖南山区和皖西大别山山区工业化程度较低，桑蚕产业收入在农民收入仍占较大的比重。安徽省将积极引导桑蚕产业向优势区域集聚，重点建设两大优势产业带，即皖西优势产业带和皖南优势产业带将两带产量比重占全省90%以上。依法推进土地流转，鼓励桑园向养蚕能手和大户集中，推进蚕桑专业镇村的建设，发展适度规模经营，形成优势产业带（李兴，2015）。

表 6-4　桑蚕优势区范围

Tab. 6-4　Range of silkworm dominant areas

区名	省份	县名
华东优势区	江苏省	海安县、吴江市、东台市、宿豫区、新沂市、如东县、金湖县、启东市、海门市、睢宁县、射阳县、邳州市、大丰市、建湖县
	浙江省	桐乡市、德清县、海宁市、南浔区、淳安县、临安市、桐庐县、缙云县、海盐县、吴兴区、秀洲区、安吉县、上虞市、兰溪市
	山东省	东港区、莒南县、岱岳区、昌邑市、莒县、惠民县
	安徽省	黟县、绩溪县、岳西县、歙县、青阳县、金寨县、泾县、潜山县、修水县
	湖北省	英山县、麻城市、罗田县、南漳县、远安县
华南优势区	广东省	阳春市、罗定市、翁源县、化州市、英德市、遂溪县
	广西省	宜州市、横县、象州县、环江、蒙山县、上林县、鹿寨县、宾阳县、港南区、都安、覃塘区、平南县、柳城县、柳江县、罗城、邕宁县、铜梁县、忻城县
西南优势区	重庆市	垫江县、涪陵区、合川市、丰都县、游仙区
	四川省	中江县、盐亭县、三台县、射洪县、阆中市、西充县、南部县、乐至县、会东县、宁南县、祥云县
	云南省	陆良县、鹤庆县
北方优势区	陕西省	汉阴县、汉滨区、紫阳县、旬阳县、石泉县
	河南省	镇平县、淅川县

2. 华南优势区

该区域分布于广东、广西两省（区），其中广西优势产区主要集中在桂西、桂中和桂南三区，广东主要在粤西、粤北的雷州半岛、西江与北江流域。该区桑园基本是集中连片，桑树生长期长，养蚕批次多，单产高。此区应加强基础设施建设，提高抗旱排涝能力；提高蚕种生产能力，确保蚕种供应；完善产业服务体系，强化技术培训，加强蚕桑病虫害防治；推进集约化养蚕、组织化管理、产业化经营，进一步提高蚕茧的单产和质量。

3. 西南优势区

该区域分布于四川、重庆、云南三省，其中，四川优势产区主要集中在攀西、川中北和川南三大区；重庆主要在渝西、三峡库区、渝东南三区；云南主要在滇中、滇南、金沙江沿岸三区。该区位于我国西南部，平原、丘陵、山地、高原立体分布，气候温和，雨量充沛，无霜期长；四边桑、间作桑占60%，密植小桑园占40%，蚕区分布面广，集中度和规模化相对较低。该区域重点在深入推进百万担优质蚕茧产业化基地建设和加强蚕桑良种繁育体系建设。

4. 北方优势区

该区主要分布在陕西、河南两省，优势区域集中在陕南山区、关中西部，河南主要在南阳盆地和信阳大别山区。该区气候条件差异很大，优势区域小气候相对较好，适合优质蚕茧生产；其他地区生态环境相对恶劣，是我国主要风沙源和水土流失地区，尽管桑园面积较大，但蚕茧总量不高。该区发展重点是选建适宜当地栽植的优良桑树种苗繁育基地，加强低产桑园改造和桑园管理，提高单产；调整桑园布局，促进适度规模经营；稳步提高蚕茧质量，积极培育壮大龙头企业，适度发展缫丝加工，有序开发丝绸产品及综合利用，提升桑蚕产业规模化和产业化水平；大力培训基层蚕业科技推广人员，扶持蚕桑科技户、重点户，培养一批适合当地生产发展的农民土专家，以点带面推广蚕业科学技术。

第三节　政策建议

1. 加强西部茧桑蚕产业链建设

实现蚕桑资源的多层次利用，加快推进桑蚕一、二、三产融合发展的改革，延伸生产、销售、服务产业链条，拓宽市场桑蚕产业优化“公司+基地+农户+标准化”等组织联结形式。在打造产业链的过程中，采用农民容易也喜欢接受的利益绑定机制，实践证明，在法律法规允许的情况下以保护价格收购相关产品，吸引蚕农成为公司股东，与农民提前订立合同，使得农民可以按计划生产的契约农业，以及合作社对外出售更多桑蚕产品时将差价进一步返还给农民的二次返利都是不错的利益分享方式。同时，注重综合开发利用，研发创制新产品，加大资金技术投入，加强产品宣传，提升桑蚕产业的附加值，另外也要适应世界市场的变化，深入挖掘在医药、保健、食品新领域发展和利用，打造新的增长点桑蚕产业。

2. 加大桑蚕产业宏观调控力度，促进桑蚕产业稳定协调发展

我国的桑蚕生产仍然比较粗放，据测算，经济效益率仅为28%，劳动力成本占8%以上，相对来讲是较低的。为保护蚕农生产积极性，需要进一步加大补贴，特别在一些优势生产区域，亩产尚且较低的地区，给予补贴，以帮助其做大产业规模。众所周知，资本的逐利性决定了其会更倾向于选投资资源丰富和具有税收、补贴等优惠政策的区域。资本的投入将会带来技术的引进。顺应“东桑西移”的大趋势，建立现代蚕业技术服务体系，如改变技术推广方式，尝试建立地区产业技术推广定点，培育和发展各种各样的服务机构等。面对桑蚕生产环节中面临的问题，通过建立新品种繁育和示范基地，同时在基地管理上要摆脱小农经济制约，探索一体化经营的思路，实施名牌良种战略、名牌原料战略、名牌产品战略，努力实现蚕业生产集约化、规模化生产，提高经营管理水平，尽早实现摆脱经营分散、推广不力、质量难以保障等生产现状。

3. 提高产业综合开发水平，从多个方面引导促进产业化经营

现代化的蚕桑业发展一定要有产业化的思路，考虑到该行业兼具农业、工业和贸易业的特征，生产、供给和销售要实现一体化，产业才能得到长足的发展。首先，从生产环节来说，要实施集约化生产。这就意味着需要提高栽培和饲养技术，鼓励蚕农和加工企业通过技术手段提高桑叶、蚕茧和生丝的质量，降低生产成本，同时还要对这些原材料进行多元化的利用，找准市场定位，生产丰富的适应市场需求的产品；其次，从组织形式上来说，要鼓励“蚕农+生产基地（或者协会）+公司”等产业化经营主体的培育，通过契约农业的方式，提前锁定蚕农的生产计划，同时明确合同履行中各主体的权利义务，强调二次返利，确保各方利益，从而建立相对稳固的生产、收购和经营模式；再次，要通过各项政策和政府引导基金鼓励产业龙头企业的发展，产业龙头企业更具资源整合能力，可以延伸产业链，从丝绸生产、加工、销售的各个环节均可以整合行业内最好的资源，有助于形成产业标杆品牌，拓展国内外市场，加强供给侧改革，促进产业结构的升级；最后，必要的时候还可以建立产业基金，实现产业内上下游企业的并购重组，甚至与上市公司进行联动，充分利用产业基金的投后管理能力，发挥目标公司和产业基金各自的优势，打造全产业链的茧丝绸企业集团。

4. 加快技术创新，提高生产效率

主要提高规模和技术效率，其中，技术效率提高主要可从单位面积桑园效率和张种效率入手。因此，加强农村土地流传和小额贷款，推行省力化种桑养蚕技术的使用，支持扩大种桑养蚕规模；另外，加快蚕桑技术推广应用，提升养蚕技术水平，加强过程的管理，减少蚕病损失，来提高张种蚕茧产量。

5. 降低生产成本，提高桑蚕生产效益

人工成本所占桑蚕生产比例的重要部分，人工成本提高也是影响生产效益的主要因素。从长远看，需要加强桑蚕生产技术的创新研发推广，提高劳动生产率。

第七章 结论与展望

第一节 主要结论

本文以我国桑蚕产业空间格局为研究对象，集成应用比较优势分析方法、空间重心及空间自相关统计分析方法，揭示我国桑蚕产业空间格局演变特征，探讨桑蚕空间格局演变的驱动机制，提出我国桑蚕空间格局优化方案。主要进展与结论如下：

1. 历史上我国桑蚕产业重心经历了三次变迁。从历史来看，唐朝以前一直以黄河流域为重点，到宋代，逐步形成黄河流域、江南地区和四川地区成为新的三大中心，到明清时期，江南成为我国桑蚕生产的重要地区。在传统农业社会里，桑蚕产业劳动附加值高，其主产区往往意味着经济发展、人民富裕；而在现代工业社会里，桑蚕产业在与新兴工业、服务业的竞争中不占优势，只能从经济发达地区退出，转向欠发达地区。目前，随着“东桑西移”工程的推进，东部地区浙江、江苏、广东、山东等各省的蚕茧产量、桑园面积、发种量及其占全国的比例呈现下降趋势，浙江省和江苏省的下降幅度较大；而西部蚕区广西、云南、陕西等省（区）蚕茧产量、桑园面积、发种量及其占全国的比例继续上升，广西更是成为全国最大的蚕桑主产地，而四川省、重庆市则面临蚕业萎缩问题。

2. 揭示了近年来我国桑蚕产业空间格局演进特征及其驱动机制。定量测算结果显示，我国桑蚕产业重心“自东向西、自北向南”移动，产业集中度持续提升，呈现“东桑西移”态势。桑蚕产业集中度在不断提高，CR_n1 指数和 *HHI* 指数和分别从 2003 年的 0. 19 和 0. 131 上升至 2015 年的 0. 46 和 0. 243；桑园种植面积重心从 2003 年的东经 111. 09°E、北纬 30. 34N°移至 2015 年的东经 109. 37°E、北纬 28. 89°N，分别向西偏移 1. 72°，向南偏移 1. 45°；种植重心标准距离值从 769. 15 千米缩短至 761. 33 千米。同时初步阐明了资源、经济、市场、技术和政策五要素对桑蚕产业空间格局变迁的系统影响及其作用机制。

3. 从综合比较优势和全要素生产率角度，定量评价了近年来我国桑蚕产业空间转移的经济合理性。运用比较优势分析方法、基于数据包络分析模型的非参数 Malmquist 指数方法，揭示我国桑蚕空间格局演变的经济合理性。研究结果表明，1995—2015 年广西综合比较优势指数（AAC）从 0.75 快速上升为 3.28，而传统主产区江苏则从 2.05 下降至 1.17；2006—2015 年西部地区全要素生产率（*TFP*）平均上升了 5.28%，东部地区则下降了 3.13%。

4. 构建了桑蚕产业区域优势评价方法体系，初步提出了我国桑蚕产业空间格局优化方案。以生态条件适宜、规模优势、区域比较优势、具备一定产业基础为蚕桑优势区判定标准，从规模优势、效率优势、产业优势角度构建一套 3 类 12 项的桑蚕产业区域优势评价指标体系，建立基于组合权重模型的桑蚕区域优势综合评价模型，提出我国桑蚕产业空间布局的优化方案，分别阐述华东优势区、华南优势区、西南优势区和西北优势区的发展方向与策略。

5. 提出了“发展西部、优化中部、稳定东部”的政策建议。以我国桑蚕产业空间格局持续优化，进而实现整个产业提质增效、长久保持竞争优势角度，提出了政策建议：顺应“东桑西移”的规律，稳定及适度扩大我国蚕桑生产规模，在东部加工，中西部为原料产地，通过跨区域产业链整合，实现桑蚕产业的东西部互动发展格局。主要任务是加快技术创新，提高生产效率；降低生产成本，提高桑蚕生产效益；鼓励综合开发利用；加强区域专业化发展力度，推进桑蚕生产基地县建设；因势利导，加强西部茧桑蚕产业链建设，实现蚕桑资源的多层次利用；加大桑蚕产业宏观调控力度，促进桑蚕产业稳定协调发展。

6. 随着“一带一路”建设的国家战略提出，我国桑蚕产业面临前所未有的历史机遇。利用 SWOT 分析方法，分析在“一带一路”建设背景下，我国桑蚕产业发展面临的机遇和挑战。研究结果表明，从外部环境看，我国桑蚕产业发展面临着“一带一路”、乡村振兴战略有力实施等难得的政策环境，也面临栽桑养蚕比较效益下降、国际市场需求不畅、劳动力成本上涨等风险；从行业内部看，我国桑蚕产业发展有传统优势深厚、桑蚕产业科技进步持续提速、桑蚕产业产品日益多样化等优势，也存在以传统的小规模家庭经营为主，生产方式相对落后等劣势。

第二节　研究展望

1. 农户选择行为对蚕桑空间格局影响研究

从宏观层面对我国蚕桑空间格局变化特征及其驱动机制进行了解释，今后需要进一步从微观层面定量分析桑农选择行为对探索蚕桑空间格局形成的影响机制。

2. 空间格局演变驱动因素贡献份额分析

本书对影响我国蚕桑生产空间格局演变的驱动因素进行了理论分析，但今后要加强相关调研和数据积累，系统定量分析主要因子对蚕桑空间格局演变影响的贡献份额，对合理调控各因素作用，促进蚕桑生产稳定发展，具有重要的理论意义和实践参考价值。

3. 区域调控政策模拟研究

随着系统科学的不断发展，在厘清影响蚕桑空间格局变化的各种驱动因素及其贡献份额的基础上，运用系统动力学方法，搭建空间格局演变的“政策实验室”，对指导蚕农生产、优化蚕桑空间布局具有重要作用。

参考文献

白永平，王培安. 2012. 浙江省流量经济集聚扩散效应研究［J］. 南京审计学院学报，9（3）：1-8.

白重恩，杜颖娟，陶志刚，等. 2004. 地方保护主义及产业地区集中度的决定因素和变动趋势［J］. 经济研究，50（4）：29-40.

陈阜新. 2016. 浙江省蚕桑资源循环利用的现状与思考［J］. 桑蚕通报，47（1）：35-36.

陈浩文，冯岑. 2005. 茧丝产业化经营的主要模式探讨［J］. 四川丝绸，27（3）：11-13.

陈建军，叶炜宇. 2002. 关于向浙江省内经济欠发达地区进行产业转移的研究［J］. 商业经济与管理，22（4）：28-31.

陈建忠. 2015. 推进浙江丝绸经典产业传承发展［J］. 浙江经济，21（23）：8-9.

陈涛. 2012. 中国桑蚕产业可持续发展研究［D］. 重庆：西南大学.

陈伟. 2007. 茧桑蚕产业发展的成功典范——江苏省海安县、东台市桑蚕产业发展的经验与启示［J］. 四川桑产，36（3）：1-4.

陈卫仙. 2005. 标准化生产基地的建立及其实施［J］. 蚕桑通报，52（36）：44-45.

陈武. 1997. 比较优势与中国农业经济国际化［M］. 北京：中国人民大学出版社.

陈玉洁，张平宇，刘世薇，等. 2016. 东北西部粮食生产时空格局变化及优化布局研究［J］. 地理科学，36（9）：1397-1407.

戴璇颖，徐世清，陈息林. 2002. 环境污染对桑蚕生产的危害及其防治措施［J］. 农业环境与发展，19（1）：36-38.

第三次气候变化国家评估报告编写委员会. 2015. 第三次气候变化国家评估报告［R］. 北京：科学出版社，162-165.

董召勤，李伟文. 2005. 桑蚕产业转移与西部区域发展［J］. 国外丝绸，20（4）：30-32.

杜国明，张露洋，徐新良，等. 2016. 近50年气候驱动下东北地区玉米生产潜力时空演变分析［J］. 地理研究，35（5）：864-874.

杜华章. 1998. 江苏省省际之间种植业比较优势指数分析［J］. 农业系统科学与综合研究，14（1）：50-52.

杜军宝. 2009. 东桑西移产业转移战略中陕西蚕丝业发展思路与对策研究［D］. 杨凌：西北农林科技大学.

封槐松，李建琴. 2016. 我国桑蚕产业发展“十二五”回顾与“十三五”展望［J］. 中国蚕业，37（1）：4-10.

封槐松，李建琴. 2014. 新中国成立60年桑蚕产业发展历程与特点［J］. 中国蚕业，35（3）：1-10.

封槐松. 2012. 传承辉煌历史　开创灿烂明天［J］. 桑蚕通报，43（4）：1-7.

封纪述. 2003. 蚕茧干燥的特殊性及烘茧机的研制方案［J］. 四川丝绸，25（2）：8-10.

封志明，孙通，杨艳昭. 2016. 2003—2013年中国粮食增产格局及其贡献因素研究［J］. 自然资源学报，31（6）：895-907.

冯家新. 2002. 家蚕育种选集［M］. 杭州：浙江大学出版社.

高声鹏，秦利. 2013. 气象因子对柞蚕生产的影响［J］. 中国蚕业，34（4）：91-93.

顾国达，金佩华，王昭荣. 1999. 我国蚕业技术经济水平的国际比较［J］. 中国农村经济，15（11）：52-55.

顾国达，徐俊良. 2003. 论我国蚕丝业的多中心起源［J］. 浙江大学学报（人文社会科学版），49（3）：43-49.

顾国达. 2003. 蚕丝经济管理［M］. 杭州：浙江大学出版社.

顾国达. 2003. 桑蚕产业经济管理［M］. 杭州：浙江大学出版社.

顾国达. 1999. 世界蚕茧和生丝生产量及其产地变迁的研究［J］. 蚕业科学，36（2）：120-125.

顾国达. 2009. 世界经济危机对蚕丝业的影响与应对策略［J］. 中国蚕业，30（1）：4-7.

郭光，王向誉，聂磊，等. 2014. 山东省桑蚕产业现状与发展对策［J］. 中国蚕业，35（1）：41-43.

郭红. 2008. 中国古代文学中的桑蚕文化［J］. 时代文学，20（12）：105.

郭力野. 2013. 广西区茧桑蚕产业竞争力研究［D］. 北京：中国农业科学院.

韩长赋. 着力推进农业供给侧结构性改革［J］. 农民日报，2016-05-13（001）.

胡兴明，熊超，于翠. 2012. 我国桑蚕产业集聚的实证研究［J］. 林业经济，34（1）：57-60.

胡兴明. 2013. 中国桑蚕产业转移驱动因素与影响研究［D］. 武汉：华中农业大学.

胡智文，徐孟奎，闵思佳，等. 2001. 我国蚕业分布与区域经济发展水平关系的探讨［J］. 蚕业科学，27（2）：136-139.

黄君霆，朱万民，向仲怀，等. 1996. 中国蚕丝大全［M］. 成都：四川科学技术出版社.

黄先智，秦检，向仲怀. 2013. 日本蚕丝业振兴路径给中国蚕丝业转型发展的启示［J］. 蚕业科学，39（3）：599-605.

黄先智. 2013. 我国桑蚕产业转型问题研究［D］. 重庆：西南大学.

季晓琴，李瑞，王建南. 2004. 中国蚕丝业现状分析与发展对策［J］. 中国桑蚕产业，25（1）：4-6.

金碚. 1996. 产业竞争力研究［J］. 经济研究，42（11）：36-38.

金碚. 1997. 中国工业国际竞争力——理论、方法和实证研究［M］. 北京：经济管理出版社.

金菊华. 基于产业转移理论的“东桑西移”战略［J］. 丝绸，200，53（5）：1-5.

蓝子康. 2012. 广西桑蚕产业面临的挑战与对策［J］. 广西蚕业，49（3）：68-69.

乐波灵，虞崇江，于永霞，等. 2016. 广西蚕业产业发展“十二五”回顾及“十三五”展望［J］. 广西蚕业，53（1）：1-5.

李建琴，封槐松，顾国达. 2013. 能否稳定东部优质茧生产规模［J］.

中国蚕业，34（4）：1-7.

李建琴，顾国达，封槐松. 2011. 我国蚕桑生产的区域变化——基于1991—2010年的数据分析［J］. 中国蚕业，32（3）：28-41.

李建琴，顾国达. 2015. “一带一路”对中国蚕丝业发展的战略意义［J］. 中国蚕业，36（4）：1-7.

李建琴，顾国达. 2014. 世界蚕丝业发展规律及其对中国的启示［J］. 中国蚕业，35（3）：11-18.

李建琴，张琦，顾国达. 2011. 我国蚕桑生产函数的构建与计量分析［J］. 蚕业科学，37（4）：719-724.

李建琴，周育仙，顾国达. 2014. 我国蚕茧生产空间布局变迁及影响因素分析［J］. 蚕业科学，40（5）：902-910.

李建琴. 2005. “蚕茧大战”的经济学分析［J］. 丝绸，50（5）：4-7.

李建琴. 2006. 中国转型时期农产品价格管制研究——以蚕茧为例［M］. 杭州：浙江大学出版社.

李松志，杨杰. 2008. 国内产业转移研究综述［J］. 商业研究，51（2）：22-26.

李兴，范涛. 2015. 浅谈安徽省桑蚕产业升级发展［J］. 中国蚕业，36（3）：67-70.

李奕仁. 2005. 广西桑蚕产业突起的意义［J］. 广西蚕业，42（1）：26-35.

李艳秀，白秀军. 2011. 如何科学饲料蚕宝宝［J］. 农民致富之友，55（21）：50.

李志东. 2016. 不同浸酸温度处理家蚕种对其生长发育影响的研究［D］. 广东：华南农业大学.

李子辉，赵旭伟，李宝昱，等. 2011. 对广西桑蚕产业发展的考察分析［J］. 农业科技通讯，40（9）：107-109.

梁日光. 2009. 论桑蚕产业可持续发展的四大关键因素［J］. 广西蚕业，43（1）：14-19.

凌荣. 2001. 推进广西蚕业产业化经营之我见［J］. 广西农学报，16（4）：31-35.

刘珍环，杨鹏，吴文斌，等. 2016. 近30年中国农作物种植结构时空变化分析［J］. 地理学报，71（5）：840-851.

刘忠远. 2011. 基于要素整合的区域内产业协调发展研究［D］. 武汉：武汉理工大学.

龙华. 2000. 国际贸易理论的发展及在我国的适用性问题［J］. 国际经贸探索，16（2）：2-5.

楼国庆. 2005. 世界桑蚕产业发展规律与我国策略的研究［D］. 杭州：浙江大学.

罗丽，谭砚文. 2011. “东桑西移”对蚕茧全要素生产效率影响分析——基于 Malmquist 指数方法［J］. 丝绸，56（1）：17-20.

罗其友，高明杰，张萌，等. 2016. 新时期区域农业规划若干问题思考［J］. 中国农业资源与区划，37（11）：1-6.

罗其友，刘洋，高明杰. 2009. 我国马铃薯生产区域格局变化分析［C］//马铃薯产业与粮食安全. 哈尔滨：哈尔滨地图出版社.

马惠兰. 2004. 区域农产品比较优势理论分析［J］. 农业现代化研究，25（4）：246-250.

马力阳，李同昇，李婷，等. 2015. 我国北方农牧交错带县域乡村性空间分异及其发展类型［J］. 经济地理，35（9）：126-133.

马荣华，蒲英霞，马晓冬. 2007. GIS 空间关联模式发现［M］. 北京：科学出版社.

马涛，李东，杨建华，等. 2009. 地区分工差距的度量：产业转移承接能力评价的视角［J］. 管理世界，25（9）：168-169.

马晓，裴韬. 2010. 基于探索性空间数据分析方法的北京市区域经济差异［J］. 地理科学进展，29（12）：1555-1561.

迈克尔·波特. 2002. 国家竞争优势［M］. 北京：华夏出版社.

彭廷军，程国强. 1999. 中国农产品国内资源成本的估计［J］. 中国农村观察，20（1）：25-31.

蒲业潇. 2011. 理解区位基尼系数：局限性与基准分布的选择［J］. 统计研究，28（9）：101-109.

戚琳. 2009. “东桑西移”背景下我国茧桑蚕产业发展对策［J］. 北方经贸，29（1）：136-138.

祁广军. 2013. "东桑西移" 背景下广西蚕丝业发展实证研究 [D]. 北京: 中国农业大学.

齐永红, 武怀庆, 张亚辉. 2012. 山西省蚕桑资源综合利用的现状与思考 [J]. 北方蚕业, 33 (2): 38-40.

裘愉发. 1996. 丝绸工业转移与对策 [J]. 江苏丝绸, 24 (5): 48-52.

全国桑蚕产业区划研究协作组. 1988. 中国桑蚕产业区划 [M]. 成都: 四川科学技术出版社.

沈兴家. 2010. 广西蚕丝业现状分析和可持续发展对策建议 [J]. 中国蚕业, 31 (3): 1-6.

苏东水. 2007. 产业经济学 [M]. 北京: 高等教育出版社.

苏振霞, 牟志美. 2003. 世界蚕丝业发展现状及对策分析 [J]. 北方桑蚕产业, 24 (3): 10-12.

孙兰凤. 2009. 可持续视角下的新疆特色林果业发展研究 [D]. 新疆: 新疆大学.

孙宁, 胡汉辉. 2003. 产业可持续发展分析 [M]. 南京: 东南大学出版社.

孙中和. 2003. 辽宁农产品比较优势研究 [D]. 北京: 中国农业科学院.

唐华俊, 罗其友. 2001. 基于比较优势的种植业区域结构调整 [J]. 中国农业资源与区划, 22 (5): 34-36.

唐华俊, 吴文斌, 杨鹏. 2010. 农作物空间格局遥感监测研究进展 [J]. 中国农业科学, 43 (14): 2879-2888.

唐琳, 冯芩. 2010. 区域茧桑蚕产业化分析与发展对策 [J]. 丝绸, 55 (1): 61-65.

田维波. 2012. 我国农业发展的空间结构演化及其影响因素研究 [D]. 重庆: 西南大学.

涂人猛. 2014. 区域空间结构理论的形成与发展 [J]. 企业导报, 15 (11): 17-19.

汪深思. 2008. 湖南省承接产业转移有关问题研究 [J]. 金融经济, 27 (22): 39-40.

王鹤龄，王润元，张强，等. 2012. 甘肃省作物布局演变及其对区域气候变暖的响应 [J]. 自然资源学报，27（3）：413-421.

王鹏飞. 2012. 内江市东兴区桑蚕产业产业化发展现状及对策研究 [D]. 四川：四川农业大学.

王玄瑜. 2011. 中国蚕茧产业组织与管理研究 [D]. 泰安：山东农业大学.

王悦悦，惠娜. 2014. 浙江桑蚕产业该何去何从 [J]. 浙江经济，20（5）：56-57.

王昭荣. 2002. 日本侵华时期对中国蚕丝业的统治与资源掠夺 [D]. 杭州：浙江大学.

韦炳佩. 2014. 广西蚕业科学发展的动力源——广西蚕业以科技创新推动可持续发展的探索 [J]. 广西蚕业，51（4）：11-12.

吴大洋，陈萍. 2004. 加快传统产业改造促进农民收入增加 [J]. 中国蚕业，25（11）：49-50.

肖建清，张建成. 2016. 湖南桑蚕产业的 SWOT 分析 [J]. 蚕学通讯，36（2）：38-42.

肖金树，周安莲，蒲军. 2010. 家蚕品种选育的成就与发展方向 [J]. 蚕业科学，48（4）：651-655.

肖立新. 2011. 广西桑蚕产业技术创新研究 [D]. 南宁：广西大学.

谢玉佳，甘晓露. 2011. 金堂县脐橙产业比较优势研究 [J]. 安徽农业科学，51（11）：6829-6832.

徐萍，毛小报，王美青，等. 2007. 浙江省桑蚕产业发展现状、问题与前景 [J]. 安徽农学通报，13（5）：91-93.

许才铨. 2003. 蚕种催青控制系统的研制与应用 [J]. 蚕桑通报，34（4）：39-40.

雪燕，诸叶平，李世娟，等. 2006. 中国县域主要粮食作物比较优势分析系统设计与实现 [J]. 中国农学通报，23（11）：443-450.

雪燕. 2006. 区域主要粮食作物比较优势分析系统 [D]. 北京：中国农业科学院.

闫建伟. 2014. 我国水禽产业布局优化与发展的实证研究 [D]. 武汉：华中农业大学.

晏育伟，陈列辉，钟苏苑，等. 2015. 广东省蚕桑资源综合利用产业发展现状及对策［J］. 广东蚕业，49（4）：14-19.

杨桂元，吴青青. 2016. 我国省际绿色全要素生产率的空间计量分析［J］. 统计与决策，460（16）：113-117.

杨和荣. 2005. 我国茧桑蚕产业发展问题研究［D］. 重庆：西南农业大学.

杨余春. 2000. 中国桑蚕产业的历史特点［J］. 丝绸，45（8）：41-43.

杨治. 1985. 产业经济学导论［M］. 北京：中国人民大学出版社.

叶琪. 2013. 我国区域产业转移的态势与承接的竞争格局［J］. 新疆财经，34（6）：91-97.

弋辉. 2004. 中国茧桑蚕产业：要从原料大国迈向强国［J］. 中国经贸导刊，21（1）：37-38.

于树江，李艳双. 2004. 产业集群区位选择形成机制分析［J］. 中国软科学，19（04）：120-122.

喻嘉乐. 2007. “以东鉴西”：发展西部桑蚕产业的可行性选择［J］. 丝绸，52（12）：33-35.

喻晓玲，邓小丽. 2008. 新疆南疆棉花与中国主产棉区比较优势分析［J］. 经济研究导刊，4（13）：158-159.

曾国平，罗航艳，曹跃群. 2011. 我国农业区域经济发展的空间计量分析［J］. 统计与决策，27（19）：100-102.

曾华明. 2005. 关于“东桑西移”的思索［J］. 广西蚕业，42（1）：36-39.

湛怡秋，赵新乐，罗应平，等. 2009. “天虫”之路在何方［J］. 广西日报.

张大瑜，刘兴土，高旺盛. 2005. 吉林省玉米生产县域尺度比较优势分析［J］. 吉林农业科学，56（1）：61-65.

张大瑜，吴景贵. 2010. 吉林省玉米生产省域尺度上比较优势研究［J］. 安徽农业科学，50（38）：18091-18093，18101

张大瑜. 2005. 吉林省粮食作物生产系统的能值分析与比较优势研究［D］. 北京：中国农业大学.

张剑光. 2005. 桑蚕产业转移与区域经济发展研究［D］. 苏州：苏州大学.

张金昌. 2002. 国际竞争力评价的理论和方法［M］. 北京：经济科学出版社.

张辽. 2013. 要素流动、产业转移与区域经济发展［D］. 武汉：华中科技大学.

张晴，高明杰，周振亚. 2013. 我国桑蚕产业区域比较优势分析［J］. 西南农业大学学报（社会科学版），11（05）：38-42.

张晴，高明杰，周振亚. 2014. 优化我国桑蚕产业生产格局对策研究［J］. 中国农业信息，26（14）：15-17.

张晴，刘洋，高明杰，等. 2013. 我国桑蚕产业生产格局及比较优势演变特征分析［J］. 农业经济问题，34（9）：26-30.

赵鸿，王润元，王鹤龄，等. 2013. 半干旱雨养区苗期土壤温湿度增加对马铃薯生物量积累的影响［J］. 干旱气象，56（2）：290-297.

赵作权. 2009. 地理空间分布整体统计研究进展［J］. 地理科学进展，28（1）：1-8.

郑春勇. 2012. 我国区域产业转移中的政府作用研究［D］. 天津：南开大学.

郑其群，许开玲. 2007. 浅析桑蚕及其副产品综合利用［J］. 汉中科技（2）：16-17.

中华人民共和国国家统计局. 1991—2011. 中国统计年鉴（1990—2010）［M］. 北京：中国统计出版社.

周勤，吴海平. 2011. 浙江桑蚕产业“十二五”发展对策研究［J］. 丝绸，48（2）：62-65.

周卫阳，蒋姝蕾. 2014. 江苏蚕种业存在问题与发展对策［J］. 江苏蚕业，36（4）：28-32.

周卫阳. 2008. 江苏桑蚕产业可持续发展研究［D］. 南京：南京农业大学.

周玉玺，崔太昌，姜艳芳. 2015. 中国蚕茧生产成本收益与生产效率的时空差异分析［J］. 农业经济，35（4）：21-29.

周育仙. 2014. 中国蚕茧生产空间布局变迁及影响因素分析［D］. 杭

州：浙江大学.

朱文洁，董朝阳. 2016. 中国5A级旅游景区时空演化及影响因素研究［J］. 世界科技研究与发展，38（5）：1084-1090.

祝明明，董莹，田玲玲，等. 2017. 湖北省人口—经济—土地城镇化的空间格局及其耦合协调性研究［J］. 湖北大学学报（自然科学版），39（5）：531-538.

Anselin L. 1999. Interactive Techniques and Exploratory Spatial Data Analysis. In：Longley P.，Goodchild M.，Maguire D.，et al，eds. Geographical Information Systems：Principles，Techniques，Management and Applications［M］. New York：Wiley.

Bachi R. 1962. Standard Distance Measures and Related Methods for Spatial Analysis［J］. Papers of the Regional Science Association，10（1）：83-133.

Bunic Z. 2003. Market and Competitiveness of the Croatian Textile and Garment Manufacturing Industry［J］. Tekstil Zagreb，52（11）：567-577.

Central Silk Bord of India Silk. 1996. In：India-Statistical［R］. Bangalore：Central Silk Bord of India.

Central Silk Bord of India. 1999. Compendium of Statistics of Silk Industry［J］. Bangalore：Central Silk Bord of India（5）：31-34.

Clayton F H. 1939. The Work of A Research Department in The Silk Industry［J］. Journal of the Textile Institute Proceedings，30（3）：26-56.

Council USCP. 1993. A Competitive Strategy for America. Second Report to the President and Congress［C］. Washington：U. S. Government Printing Office，Superintendent of Documents.

Edward B. 2005. Economic Evaluation of Natural Resources［M］. Cambridge：Cambridge University Press.

Eng R Y. 2000. One Industry，Two Chinas：Silk Filatures and Peasant-Family Production in Wuxi County，1865-1937［J］. The Journal of Asian Studies，21（2）：45-56.

Fischer M M. 2010. Handbook of Applied Spatial Analysis [M]. Berlin: Springer.

H B M. 1920. Economics of the Silk Industry: A Study in Industrial Organization [M]. Journal of the Royal Asiatic Society of Great Britain and Ireland.

Hanumappa. 1985. Economics of Silk Industry: Micro and Macro Issues [J]. Institute for Social and Economic Change, 132-138.

Hough R F. 1968. Impact of the Decline in Raw Silk on the Suwa Basin of Japan [J]. Economic Geography, 44 (2): 12-23.

Jeffrey M W. 2009. Introductory Econometrics - A Modern Approach. South WesternCengage Learning, 1.

Johri L M, Patichol P, Wongsurawat W. 2014. Upgrade Strategies in the Thai Silk Industry: Balancing Value Promotion and Cultural Heritage [J]. Journal of Fashion Marketing and Management, 18 (1): 691-698.

Katsuo O. 1982. The Transfer of Technology in Japan and Thailand: Sericulture and the Silk Industry. Development and Change, 13 (3): 12-16.

Lee Y A, Sontag M S, Slocum A C. 2002. Michigan Apparel and Textile Industry: Characterization and Needs Assessment [J]. Journal of Textile and Apparel Technology and Management, 14 (14): 230-231.

Monson C S. 1996. Mulberry Trees: The Basis and Remnant of the Utah Silk Industry [J]. Economic Botany, 50 (1): 130-138.

Nitschke L. 1999. Textile Industry Torn Over Survival Strategy [J]. CQ Weekly. 57 (6): 9-13.

Rakotoarisoa M A, Kim S S. 2010. Does Trade, Technology, or Education Expel Traditional Sectors? Some Evidence from the Collapse of the Silk Sector in South Korea [J]. Asian Economic Journal, 22 (2): 113-132.

Shu Y. 1998. Modeling Structural Change in the United States TextitleIndusty [J]. North Carolina State University, 88-89.

Sousa F D. 2005. The Silk Industry in Trás – Os – Montes During The Ancient Regime [J]. E–Journal of Portuguese History, 3 (2): 25–32.

Spraos J, Balassa B. 1990. Comparative Advantage, Trade Policy and Economic Development [J]. Economic Journal, 100 (403): 1354.

Tellier L N. 1995. Projecting the Evolution of the North American Urban System and Laying the Foundations of S Topodynamic Theory of Spatial Polarization [J]. Environment and Planning A, 27 (7): 1109–1131.

United Nations. 2014. Silk in Asia MUS Department of Agriculture Agricultural Research Service. (2014) USDA National Nutrient Database for Standard Reference Release. United States Department of Agriculture: Agricultural Research Service. Available from: http: //www. ars. usda. gov/nutrient data. Accessed, 6.

Wang Y C, Li L M. 1981. China's Silk Trade: Traditional Industry in the Modern World, 1842–1937 [J]. Pacific Affairs, 57 (3): 489.

Wong D S. 1999. Several Fundamentals in Implementing Spatial Statistics in GIS: Using Centrographic Measures as Examples [J]. Geographic Information Sciences, 5 (2): 163–174.

Yamada M, Kawabata Y. 2015. Transfer and Localization of Sericulture Technology for Redeveloping Silk Industry in Central Asia [J]. Journal of Arid Land Studies, 25 (3): 237–240.

Zaheer K, Akhtar M H. 2016. Potato Production, Usage, and Nutrition——A Review [J]. Critical Reviews in Food Science and Nutrition, 56 (5): 711–721.